KB189102

붓다의 언어

명상의 지혜로

밝히는

초기불교의

깨달음

붓다의 언어

동현 지음

불광출판사

머리말

이 책은 앞서 출간한 『불교를 꿰뚫다–초기불교에서
선까지』의 초기불교 편이다.
『불교를 꿰뚫다』라는 책이 초기불교부터 선불교까지
불교의 발달 과정에 있던 모든 종류의 불교,
즉 초기·중관·유식·화엄·선종을 회통하여
하나로 꿰뚫어 보자는 취지에서 엮은 책이라면,
이 책은 그중에 초기불교 부분만을 따로 책으로
만든 것이다. 초기불교는 붓다께서 직접 말씀하신
원음이다. 그리고 이후 나타난 불교는 붓다의 말씀을
시대와 지역 환경에 따라 다르게 해석하고 표현한
가르침이다. 그러므로 초기불교가 불교의 원형이고
뼈대이고 핵심이라고 할 수 있다.
다양한 불교 교리를 한 권의 책으로 엮다 보니
초기불교의 중요성이 묻혀버린 것 같은 느낌이 없지
않았다. 그래서 이번에 초기불교만 따로 편집해서
책으로 엮은 것이다. 하나의 문장이라도 곱씹으며
음미해야만 그 깊은 의미가 와닿을 것이므로,

문장을 읽고 이해하기 쉽도록 편집했다.
또한 교리적인 설명이 자칫 현학적이고 딱딱한
문장으로 보일 수 있으므로, 부드럽고 편안하게
읽히도록 운문 형식으로 엮었다.

우리나라 불교는 대승이 바탕을 이루고 있다.
그래서 초기불교를 무시하거나 가볍게 여기는
경향이 있다. 하지만 초기불교는 불교의 기초이므로,
먼저 초기불교를 이해하지 않고 건너뛴다면 대승을
이해하려고 해도 엉뚱한 방향으로 흘러갈 수 있다.
그래서 불교의 가장 기본이 되는 교리,
즉 오온·십이처·십팔계·십이연기·사성제·
팔정도·삼십칠조도품에 대한 이해가 있어야 한다.
이걸 이해하지 않고 대승으로 곧바로 넘어간다면
뜬구름 잡는 일이 되어버릴 수 있다.
불교 수행도 마찬가지다. 우리나라는 화엄선과
조사선이 널리 퍼져 있다. 조사선은 중국에서 개발한
특유의 수행법으로 직관적으로 진리를 통찰한다.
하지만 현대인들은 직관적인 방법보다 분석적이고
논리적인 방식을 선호한다. 현대 교육 시스템이
사람들을 그렇게 훈련시켰기 때문이다.

그래서 요즘 사람들에게는 직관적인 화두
수행법보다 논리적이고 분석적인 사마타와
위빠사나 수행법이 더 와닿을 수도 있다.
사마타와 위빠사나는 초기불교 수행법이다.
곧 붓다께서 직접 가르치신 수행법이다.
그러므로 이 책에서는 초기불교에 나타나는
사마타와 위빠사나를 어떻게 이해하고 실천할
것인가를 다뤘다.
어떤 이들은 남방에 가서 사마타와 위빠사나를
테크닉적으로 배워와 그게 진정한 초기불교
수행법인 양 사람들을 가르치고 있는 듯하다.
하지만 테크닉보다는 본래의 의미와 목적과 방법을
정확히 이해해야만 바른길로 들어설 수 있다.
지도에 바른길을 표시해야만 옆길로 빠져 헤매지
않고 온갖 위험이 있는 정글을 헤쳐나갈 수 있기
때문이다.
또 조사선이나 대승 수행법을 무시해서는 아니 된다.
새로운 수행법이 대두된 데에는 이유가 있다.
그 안에는 각 지역의 전통과 철학과 사상이 녹아있다.
그리고 초기불교는 홀로 개인의 해탈을 추구하는
것처럼 보이기도 하지만, 대승은 개인보다는 함께

다 같이 서로 도우며 나아가자는 취지로 발전했다.
그러므로 초기불교의 사마타와 위빠사나 수행도
대승의 보살 사상이나 바라밀 수행이 함께 어우러져야
한다. 그래야 비로소 붓다께서 가르치신 진정한
사마타와 위빠사나가 아닐까 생각된다.
따라서 사마타와 위빠사나는 반드시 사무량심 수행,
즉 자애, 연민, 더불어 기뻐함, 평온과 함께 닦아 나가야
한다. 그리하면 초기불교와 대승의 바라밀이 만나
진정한 부처님의 가르침을 완성할 수 있을 것이다.

이 책에서는 초기불교 교리를 어떻게 정확히 이해할
것인가? 어떻게 초기불교 수행법을 정확히 이해할
것인가? 어떻게 초기불교와 대승불교의 만남을 이룰
수 있을 것인가를 다뤘다.
그리고 너무 교학적이고 딱딱한 흐름으로 흘러가지
않으면서 부드럽고 온화로운 흐름으로 흘러가도록
시적 감상으로 엮었다. 아무쪼록 하나의 문장이라도
곱씹고 음미하면서 삶과 수행에 도움이 될 수 있기를
기원해 본다.

등현 합장

차례

1

부처님의 고뇌와
고락중도

기원전 5세기, 부처님이 살아 계실 당시 인도에는
크게 두 가지의 주류 사상가들이 있었다.

하나는 업과 윤회를 믿는
종교적인 수행자인 고행주의자들이었고,
다른 하나는 업과 윤회를 믿지 않고
오직 오감(五感)의 대상에 충실하려는
물질주의자, 즉 쾌락주의자들이었다.

먼저 윤회와 업을 믿는 수행자들은
우리의 삶을 괴로움의 덩어리로 보았다.

괴로움의 덩어리인 윤회의 세상에
다시 태어나는 것은
몸과 세상에 집착하는 업 때문이며,
수행이란
몸과 세상에 집착해서 생긴
이 업을 소멸하는 것이고,
이는 고행을 통해서만 가능하다고 믿었다.

부처님 또한

삶을 괴로움으로 보는 관점에서는
고행주의자들과 크게 다르지 않았다.

그러나 부처님은
6년간의 고행 끝에
고행으로는
완전한 마음의 평안과 해탈을
얻을 수 없다는 진리를 깨달았다.

고행의 수행법은
생각을 억눌러 멈추게만 할 뿐,
억눌린 생각은
몸과 마음의 움직임에 따라
계속해서 다시 일어난다고 보았던 것이다.

부처님은
육체적 행위보다
심리적 의도, 정신적 욕망 등이
진정한 의미에서
업을 구성하는 요소라고 보았다.

고행주의자들 중에서
대표적인 자이나교도들이
욕망과 업을 소멸시키는 최선의 방법은
몸에 고통을 주는 것이라고 생각한 데 반해,
부처님은
이해되지 않고 자발적이지 않은 고행은
오히려 잠재되어 있던
더 큰 욕망을 불러일으킨다고 보았기 때문에
정신적인 집착을 다스리는 것이
올바른 수행이라고 생각했다.

이후 업의 정신적인 측면을 강조한 불교는
자이나교와는 다른 사상으로 발전하게 된다.

몸에 고통을 주는 것만이 수행이 아니라,
몸과 마음이 즐거운 상태에서도
업을 소멸시킬 수 있고,
수행할 수 있으며,
진정한 깨달음을 얻을 수 있다고
믿게 된 것이다.
그것은 선정(禪定)이었다.

이러한 선정의 상태에서
고통의 원인을 제거하고
열반을 성취하는 것,
그것이 바로
부처님께서 깨달은 고락중도(苦樂中道)이다.

여기서 유의해야 할 점은
부처님께서 깨달은 고락중도의 선정과
외도들이 주장하는 선정은
매우 다르다는 것이다.
불교의 선정은
정견(正見)이란 지혜 위에
계의 실천을 통해 이루는 것이지만,
외도의 선정은 단순히
마음을 한 곳에 응집하여
이루는 것이기 때문이다.

평온한 선정 상태에서
편견과 선입견을 버리고
사물을 있는 그대로 보면
삶이 고통이라는 것은

부정할 수 없는 사실이다.

이것을 괴로움의 성스러운 진리라고 한다.

병은 괴로운 것이다.
누구도 병을 괴로움이 아니라고 말하지 못한다.
몸이 아픈 것도 괴로움이고
마음이 아픈 것도 괴로움이다.

늙음도 괴로움이고
죽음도 괴로움이다.

몸이 부분적으로 아픈 것은 병이라 하고,
이 병이 점점 깊어지면 늙음이라 하고,
전체적으로 아픈 것은 죽음이라 한다.

이러한 병의 근원적 원인은 바로 태어남이다.

이와 같이
생로병사 모두가 괴로움이고,
이러한 괴로움들은

태어난 자들에게는 필연적이다.

몸의 괴로움보다
더 큰 괴로움을 주는 것은
정신적인 괴로움이다.

사랑하는 대상과
원하지 않는데도 이별하는 것,

좋아하지 않는 상황이나 대상과
함께해야 하는 것,
이것들은 모두 정신적인 괴로움이다.

이보다 더 괴로운 것은
원하고 바라는 상황이나
물질·대상은 오지 않고,
원하지도 바라지도 않는 상황이나
물질·대상이 나에게 오는 것이다.

더 구체적으로 말하자면
몸·느낌·판단·욕구·의식 등에 대한 기억이

모두 괴로움을 구성하는 요소이다.
이를 오온성고(五蘊盛苦)라 한다.

그 몸에 대한 기억 때문에 괴롭고,
느낌들에 대한 기억을
충족시키지 못하기 때문에 괴롭고,
그 판단들에 대한 기억으로 인해 괴롭고,
그 욕구에 대한 기억을 충족시키지 못해 괴롭고,
그 의식에 대한 기억 때문에 괴로운 것이다.
이를 마음의 고통이라고 한다.

괴로움과 관련한 이 모든 객관적 사실들은
마음을 고요히 한
성자들만이 알 수 있는 것이므로
괴로움의 성스러운 진리,
즉 고성제(苦聖諦)라고 한다.

서양의 일부 학자는
불교를 염세주의라고 말한다.

그것은 그들이 불교를

제대로 알지 못하기 때문이다.

우리는 병을 진단하고 처방전을 주는 의사를
염세주의자라고 하지 않는다.

그리고 의사들이 인간은 모두
어느 만큼의 병을 가지고 있다고 말해도
우리는 그들을 염세주의자라고 하지 않는다.

그들은 병을 치료하는 방법을 알고 있고
실제로 치료해주기 때문이다.

마찬가지로 불교는
괴로움에 대해 말하지만,
괴로움의 원인과
그로부터 벗어나는 방법까지 일러 주기 때문에
염세주의라고 말할 수 없다.

2

괴로움의
성스러운 진리

고성제(苦聖諦)는
초기불교를 공부하든
대승불교를 공부하든 간에
아주 중요한 개념이다.

초기불교는 열반이 목표인데,
고통을 느끼지 못하는 사람에게
열반을 추구하려는
의지가 생길 리 없다.

그리고 대승불교의 근본은 보살행이고,
보살행이란
중생에 대한 연민심을 바탕으로 하며,
연민심은
중생의 갖가지 고통을
이해하는 데서 출발한다.

그러므로 고성제는
불교를 알기 위한 첫 시발점이고
이 부분을 잘 이해해야만
바르고 건강한 불교관이 형성될 수 있다.

일반적으로 고통은 그 양태에 따라
다음 세 가지로 구분해 볼 수 있다.

① 죄를 짓고 받는 과보로서의 고통이다.
이 중 불구나 사고 등으로 인한 고통은
죄를 선으로 뒤집어야만 사라진다.
그것도 대부분 이 생이 아니고
다음 생에서나 가능하다.

② 양심을 지키며 진실하게 살기 위해
겪을 수밖에 없는 고통이다.
이러한 고통도 그 대가가 금생의 말년이나
다음 생에서나 나타난다.

③ 무상한 대상에 집착하지만
그 대상이 변함으로써 받게 되는
존재에 대한 근원적인 고통이다.
이 고통은 무상한 존재들에 대한 집착을
모두 소멸시켜야만 벗어날 수 있다.

이렇듯 우리는

갖가지 고통 속에
겹겹이 에워싸여 살아가고 있다.

의사가 아닌 한 우리는 병명과
병의 원인을 쉽게 알 수 없다.

의사일지라도
많은 환자를 만나 숙련된 후에야
병명과 병의 원인을 알 수 있다.

마찬가지로 고통과 고통의 원인은
부처님의 가르침에 의지해서
충분히 마음 수련을 해야만 비로소 알 수 있다.

부처님의 가르침에 의지해 마음 수행을 해서
여러 욕망과 번뇌와 의도에
물들지 않는 마음,
청정하고 순수한 마음이 되어야 비로소
그와 같은 인과적 사실을 알 수 있게 되는 것이다.

그러기 위해선 먼저

몸이 번거로운 일에 연루되지 않아야 하고,
불필요한 말과 거친 말을 삼감으로써
몸의 에너지를 소모하지 않고,
마음을 단순화해야 한다.

그리고 자신이 가진 것, 혹은 얻은 것에
만족할 줄 알아야 한다.
만족함을 알지 못하면
마음이 감각 대상에
유령처럼 떠돌아다니기 때문에
자기 마음의 우물을 바라볼 수 없다.

마음이 감각 대상에서 떠나
자기 마음의 우물로 눈을 돌리면,
우리는 끊임없이 발생하는
불편함과 서러움,
그것들로부터 벗어나고자 하는 욕망,
그러한 욕망에 에너지를 많이 써서 오는
피곤함과 좌절감,
삼계의 대상에
기대하는 마음 등이

똬리를 틀고 있는 것을 볼 수 있게 된다.

그러한 부정적 마음들은
마음의 우물에 뿌옇게 흙탕물을 만드는데,
그 흙탕물이 가라앉으면
그 안에 칠흑 같은 무지가 있음을 보게 된다.

이렇듯 무지가
마음을 뒤덮고 있기 때문에
현상을 있는 그대로 볼 수 없는 것이다.

초보 수행자는
이러한 오염된 마음의 근원을
쉽게 볼 수도 다스릴 수도 없기 때문에
마음을 호흡 등 어느 한 곳에 집중해서
안정시켜야만 한다.

그런 다음 차츰
마음의 움직임을 멈추어 나가야 한다.

왜냐하면

다섯 가지 장애라는
마음의 소용돌이를 멈추게 해야만
나와 사물의 실체를 바라볼 수 있기 때문이다.

이렇게 되면 마음을 지키는 파수꾼이
악행과 욕망을 하나하나
이 잡듯이 잡아내서 참회하고,
그로 인해 마음은 행복감을 느끼게 된다(초선).

이어 악행과 욕망을 다스리기 위해 사용했던
분별심을 떠난 후에 오는 행복감(제2선),
몸의 고통과 즐거움에서
벗어남으로써 생겨나는 정신적인 기쁨을
버린 후에 오는 신체적 행복감(제3선)
등을 차례차례 경험하고,

마지막으로 몸과 마음의 행복감마저
객관화된 상태로
대상과 마음이 분리된
청정한 마음을 성취한다(제4선).

마음이 이 정도의 평정을 얻게 되면
몸과 시간과 공간을
거슬러 올라갈 수 있게 되고(의성신),

가고 싶은 곳을
마음대로 갈 수 있게 되고(신족통),

듣고 싶으면 거리에 상관없이
무엇이든 들을 수 있게 되고(천이통),

마음을 기울이는 것만으로
중생들의 의도를 알 수 있게 된다(타심통).

이처럼 그 어디에도 물들지 않고
자재(自在)한 마음으로
자기와 타인의 삶을 관찰해 보면,
인생은
고통과
그 고통에 잠시 휴식을 주려고 하거나,
또 다른 쾌락으로
고통을 잊게 하려는

몸부림일 뿐이라는 것을 알게 된다.

그리고 이러한 고통에는
원인이 되는 행위가 있고
그 행위의 결과가
고통이라는 것도 알게 된다(숙명통·천안통).

이렇게 의성신(意成身)이 발생한 후
다섯 가지 신통을 얻어야
알게 되는 것이 바로 존재의 고통이다.

그래서 고성제라고 하는 것이다.

수행을 하지 않는 사람일지라도
직접 죄의 과보를 경험하거나,
사유로써 악행으로 인한 고통을 알 수도 있다.

그러나 무상한 대상에 집착해서 생겨나는
존재의 근원적인 고통은
천안통과 숙명통을 얻은 후에
과거와 현재, 현재와 미래의

인과관계를 관해보는 등
직접적인 경험을 통해서만 알 수 있다.

그러한 성스러운 경지에서
이해할 수 있는 고통이기 때문에
'고통의 성스러운 진리'라고 하는 것이다.

●
『사문과경』을 중심으로 서술했다.

3

괴로움의 원인

생로병사의 괴로움,
인간관계의 괴로움,
마음의 괴로움,

이 세 가지 괴로움은
인간이기 때문에 겪어야 하는
필연적이고 운명적인 것인가,
아니면
어떤 원인이 있기 때문에 생겨나는 것인가?

이에 대한 부처님의 가르침은
"모든 괴로움에는 원인이 있다"라는 것이다.

이는
'모든 사건에는 원인이 있다'는
물리학의 법칙을 떠올리게 한다.

예를 들어, 열대 지방에 오래 살면
치아가 약해지는 경우가 많다.
수학(修學)과 수행 차
열대 지방에 오래 머물렀던

필자에게도 그런 경험이 있다.

비록 치아는 약해졌지만,
필자는 그로 인해
한 가지 소중하지만
당연한 삶의 진리를 발견했다.

결론부터 말하면, 이가 상하는 데는
반드시 원인이 있다는 것이다.

양치질만 잘한다고 해서
이가 상하지 않는 것이 아니었다.
양치질을 잘한다고 해도
열이 머리로 솟구치는 상기 때문에,
또는 영양의 부조화 때문에
이가 상하기도 한다.

필자는 치아가 상하고
치료되는 과정에서
치아의 괴로움에는
원인이 있다는 것을

분명히 이해하게 되었고,
더 나아가서
'모든 괴로움에는 원인이 있다'
라는 사실까지 깨닫게 되었다.

괴로움의 원인은
물리적 원인과
심리적 원인으로 분류할 수 있고,
심리적 원인은 다시
물리적 원인을 일으킨다.

심리적 원인의 기본 토대는
사랑과 미움이다.

사랑해선 안 될 대상을 사랑하고
미워해선 안 될 대상을 미워하는 것,
이것이 괴로움의 심리적 원인으로 작용한다.

미워해선 안 될 대상을 미워하는 이유는
내면에 잠재되어 있는 한(恨),
혹은 스트레스 때문이고,

사랑해선 안 될 대상을 사랑하는 이유는
근원적 외로움으로 인한 욕망,
즉 갈애(渴愛) 때문이다.

잠재되어 있는 사랑과 미움,
좋아하고 싫어하는 마음이
집착해선 안 될 대상에 집착하게 하는 것이다.

집착은
안으로 향하는 자신에 대한 집착,
밖으로 향하는 세상에 대한 집착,
이렇게 두 가지가 있다.

자신에 대한 집착은
몸과 마음에 대한 집착이다.

세상에 대한 집착은
여섯 가지 감각기관의
대상에 대한 집착인 욕애(欲愛),
몸이 있는 천상[色界]이나
정신만 있는 신들의 세계[無色界] 등

좋은 곳에 태어나려고 하는 욕망인 유애(有愛),
그리고 자신의 행위에 대한 대가와
과보를 기꺼이 받아들이지 않고
회피하려고 하는 욕망인 무유애(無有愛)*
등을 말한다.

이러한 집착과 욕망이
인간의 모든
의도적·신체적 행위를 일으키고,
이 행위들의 결과로
괴로움이 생겨나는 것이다.

이처럼 집착과 욕망은
필연적으로
괴로움을 불러일으킨다.

●
빠알리어 'vibhava taṇhā'를 비유애(非有愛)라고도 한다.
비유애는 무색계에 대한 애착이라고 주석하기도 한다.

4

집착하면
왜 괴로운가

집착에는 일종의 법칙이 있다.
집착하면
집착한 만큼 괴로움이 따른다는 것이다.

마음의 대상들은 모두
여러 가지 인(因)과 연(緣)으로
이루어졌으며,
이것들은 찰나의 멈춤도 없이
항상 변해 간다.
제행무상(諸行無常)이다.

대상의 속성이 변하는 것이라면,
이에 반해 집착의 속성은
그 대상이
항상 같은 상태를 유지하길 원한다.

이 두 가지는
본질적으로 서로 상충되기 때문에,
집착이 있는 한
인간은 괴로움에서
벗어날 수가 없다.

제행개고(諸行皆苦)이다.●

집착은 모든 행위의 직접적인 원인이다.

인간은
집착 때문에 행위를 하고
집착 때문에 노력을 한다.
몸을 편하게 하고 지키려는 욕망,
아름다운 것을 소유하려는 욕망,
자신만의 견해와 신념을 지키려는 욕망,
타인에게 존중받으려는 욕망 등이
모두 집착 때문에 생기는 행위와 노력이다.

이러한 욕망들은
처음부터
그 무상한 속성들과
상충된다.

●
한역은 '일체개고(一切皆苦)'로 번역되어 있지만,
빠알리어 'sabbe saṅkhārā dukkha'는 '일체 조건 지워진
형성된 것[有爲法]은 고통'이라는 의미이다.

그렇다고 괴로움이 꼭 나쁜 것만은 아니다.

오히려
괴로움을 느끼지 못하는 것이
더 위험할 수도 있다.

괴로움 없이 편안하기만 하면
그 상태에 집착하게 되기 때문이다.

오히려 괴로움은
나의 행위를 반성하게 하고,
그 원인을 찾아 해결하게 해주는
동인이 되기도 한다.
다시 말해 괴로움은 역설적으로
나의 삶을 정화시킬 수도 있는 것이다.

병듦·늙음·죽음의 괴로움은 태어남이,
마음의 괴로움은 좋아하고 싫어함이,
관계의 괴로움은
남을 배려하고 존중하지 않는 것이 원인이다.

그리고

이 모든 괴로움의 원인을 요약하면

나와 나의 것에 대한 갈애와 집착이다.

5

제법무아

**나에 대한 집착인
아집**(我執)**이 사라지면
나의 것, 즉 아소**(我所)**에 대한 집착인
법집**(法執)**도 사라져
모든 고통의 원인이 사라져 버린다.**

**'나'가 없는데
'나의 것'이 있을 리 없다.**

그렇다면
나에 대한 집착을
어떻게 효율적으로 없앨 것인가?
이것이 바로 고통을 사라지게 하는 핵심이며,
불교의 모든 종파가
온 힘을 기울이고 있는 것이다.

인간에게 가장 중요한 질문은
"나는 존재하는가?",
"나는 무엇인가?"이다.

불교는 무아(無我)를 말한다.

그렇다면
나는 정말로 존재하지 않는가?
그렇지 않다.
그렇다면 나는 정말로 존재하는가?
그렇지도 않다.

그 이유는
'나'라는 것은
'나'의 생각 속에서만 존재하기 때문이다.

실제로 존재하는 것은
감각 기관에서 받아들인 정보들,
그 정보들을 느끼는 느낌들,
그 느낌들에 대한 생각함,
그리고 그 모든 것에 대한 욕망들이다.

식(識)·수(受)·상(想)·행(行)의
정신적인 작용들은
연기적 인과 관계가 있어서
서로 간에 영향을 미친다.

이러한 인식론적인 인과 관계의 상태가
너무도 빠르게 흘러가기 때문에
이것들을 '나'라고 착각하고
'나는 존재한다'라고 믿는 것이다.

비유하자면 선풍기의 다섯 날개가
너무도 빠르게 돌아가기 때문에
원으로 보이는 것과 같은 이치다.

그러므로
'나'라는 믿음은
가상의 실재이다.
오직 인간의 개념 속에서만 존재하기 때문이다.

경험적으로 실재하는 것들은
다섯 가지 감각 기관인
색(色)을 통해
받아들인 정보들인 식(識),
느낌들인 수(受),
이것들을 생각하는 상(想),
그리고 그것들을 잡아당기거나

밀어내는 욕망들인 행(行),
그것들에 의지해서 발생하고
변화하는 물질들인 색(色),

이들이 서로 영향을 미치면서
끊임없이 상속하고
생성해 나가는 유(有)의 과정들이다.

이것이 바로
나의 정체이고 실재이고 실상이다.

이런 관점에서
무아라고 하는 것은
색·수·상·행·식의 상속 외에
또 다른 내가 존재하지 않는다는 것이고,
나라고 하는 믿음은
선풍기가 작동할 때 다섯 날개가
마치 원처럼 잘못 보이는 것과 같은 것이다.

'제법무아 오온자성개공
(諸法無我 五蘊自性皆空)'이다.

다시 말해
경험하는 오온(五蘊)이
바로 나이고,
오온 외에
나라는 것은 없다는 것이다.

그렇다면 오온은 실제로 존재하는가?
아니면 존재하지는 않는데 경험을 하는 것인가?

다른 말로 하면
경험적 실재가
꼭 존재론적 실재라고 할 수 있는가이다.

우리는 살아가면서 잘못된 믿음이라도
실재와 똑같은 결과를 주는 경우를
자주 경험한다.
예를 들어 한밤중에 길을 걷다가
노끈을 뱀으로 착각해서
몹시 놀라는 경우가 있다.

잘못된 믿음은

원인은 사실이 아니지만
결과가 사실이 되는 것이다.

오락에 너무 열중해서
건강과 공부를 해치는 소년에게
오락은 행복 그 자체이다.

그러나 행복하다는 그 느낌은
사실이 아닐 수 있다.
올바른 지식을 갖게 되면
바뀔 수 있는 착각의 감정인 것이다.

중증 당뇨병 환자가
단 음식을 먹으며 행복감을 느끼는 것도
마찬가지이다.
그들에게 있어서
이러한 믿음과 느낌들은
경험적 실재이다.
그러나 이러한 감정들은
잘못된 정보로 인해 생겨난 믿음이므로
실재라고 할 수 없고,

오직 경험적 측면에서만 실재이다.

이와 같이 오온의 경험도
주관적이고 경험적인 사실이다.

객관적인 진실이 아니고
그렇게 믿기 때문에 생겨난
하나의 심리적 현상일 뿐이다.

이것들을
실재이고 진실이라고 착각해서 일반화하면
고통에 빠질 수밖에 없다.

그렇다면
무엇이 진실이고 절대적 실재인가?
절대적 실재라는 것은 우선
보편타당성을 획득해야 한다.
어느 시간 어느 장소에서도
공감할 수 있어야 하고,
자명(自明)함이 있어야 한다.

주관성을 배제해야 하고
개인적인 감정, 업과 습관을 배제해야 한다.

이 모든 것을 배제하고 나면
남는 것이 전혀 없다.
오직 무위의 열반뿐이다.

열반만이 진실이고,
그 외의 것은 진실이 아니다.

그렇다면 열반은 무엇인가?

오온에 대한 바른 이해와
오온에서 감정적으로 자유로워지는 것,
다시 말해
오온에 대한 집착이 완전히 사라진 것,
그것이 바로 열반이다.

이와 같이 진실 혹은 실재는
경험적 실재와 절대적 실재
두 가지로 분류할 수 있다.

초기불교는 경험적 실재[*]를 중시하고,
대승 특히 중관학파와 선종은
절대적 실재[**]를 중시한다.

[*]

saṅkhata paramattha

[**]

asaṅkhata paramattha

6

멸성제

1. 죽음과 해탈의 차이

산스크리트어로
해탈(解脫)은 'mokṣa',
빠알리어로
열반(涅槃)은 'nibbāṇa'이다.

불교에서는 열반을,
힌두교에서는
해탈이라는 용어를 주로 사용한다.

해탈은 해탈하는 자,
즉 진아(眞我)와
그 진아에 결박된 몸을 전제로 하고,
몸을 해탈의 장애로 생각하기 때문에
일반적으로
몸을 벗어난 사후에 얻게 된다.

그에 반해 열반은

탐(貪)·진(瞋)·치(癡)
삼독(三毒)의 숲에서 벗어난 상태를 말하며,
생전에도 얻을 수 있다.

사실 엄밀하게 말한다면
열반은 불교적 개념이고
해탈은 힌두교적 개념이다.

그러나 해탈은
후기 불교 역사에서
열반과 같은 의미로 사용되었다.

해탈에는
선정해탈과 지혜해탈이 있다.

선정해탈은
당면한 상황으로부터 벗어나는 것이다.

비유하자면,
차가 있어서 괴롭다면 차를 버리고,
가족이 있어서 괴롭다면 가족을 떠나고,

친구들 때문에 괴롭다면
친구들을 만나지 않는 것이다.

지혜해탈은
차가 있어도, 가족이 있어도,
친구가 있어도
마음만 잘 다스리면
고통의 요소들을
나와 대상을 위한 행복의 수단이나
계기로 이용할 수 있다는 것이다.

그것은
내 마음속에 숨겨져 있는
욕망, 혹은 마음 씀씀이 등과 관련되어 있다.

즉, 외부의 현상은 있는 그대로 놓아두고,
자기 안의 생각을 다스려서
고통으로부터 벗어나는 것을
지혜해탈이라고 한다.

그렇다면

죽음과 열반에는 유사성이 있는가.
죽음처럼 사람을 충격에 빠트리는 일은 없다.
죽음은 냉엄한 현실이다.
회피하고 잊어버리고 생각하지 않아도
반드시 따라온다.

사랑하는 사람의 죽음은
이 세상이 파괴되고
하늘이 무너지는 일과 같다.

하지만 그 누구도
죽음을 피할 수 없고,
살아 있는 모든 것은
끊임없이 죽음을 향해 내달린다.

죽음의 고통 중
가장 최악의 고통은
나 자신의 죽음이다.

그것은 나 자신이 통째로,
즉 나의 몸과 마음,

내가 소유하고 있는 모든 것,
경험할 수 있는
모든 대상으로부터 추방당하는 것이다.

지인들의 죽음은
나의 죽음에 비하면 준비에 불과하다.

죽음은 몸의 고향, 열반은 마음의 고향이다.
궁극에 몸이 이르러야 할 곳은 죽음이고,
마음이 이르러야 할 곳은 열반이다.

죽음은
소유로부터의 강제적 박탈,
열반은 자발적 박탈과 포기이다.

단돈 천 원이라도 보시하는 것과
준비되지 않은 채
강제로 뺏기는 것은 완전히 다른 것처럼,
열반과 죽음은 확연히 다르다.

좋아하고 싫어하는 감정,

옳고 그름에 대한 집착,
그리고 여러 부조화된,
잘못된 욕망으로부터의 죽음,
이것이 바로 열반이다.

병듦과 늙음, 죽음의 고통은
모두 태어남이 근본 원인이다.
인간관계의 고통은
자신만을 소중히 여기고
타인을 배려하지 않는 데서 오고,
마음의 고통은
사랑과 미움에 대한 기억에서 온다.

태어나는 것 역시
사랑과 미움이 원인이 되어
행위를 일으키고,
그 행위의 결과가 나의 현실,
삶 또는 태어남이 되는 것이다.

해탈은
바로 이 삶의 괴로움, 인간관계의 괴로움,

마음의 괴로움으로부터
완전히 벗어난 상태를 말한다.
그리고 이것들의 원인인 갈애,
즉 욕애(欲愛)와 유애(有愛),
비유애(非有愛)가
완전히 사라진 상태이다.

다시 말해
'나'와 '내가 인식하는 세계'에 대한
집착에서 벗어나는 것, 그것이 바로 '해탈'이다.
좀 더 현실적으로 표현한다면
건강한 몸, 조화로운 인간관계,
번뇌에 물들지 않는 마음으로
행복한 삶을 영위하는 것,
그것이 바로 해탈이다.

2. 수·상·행의 해탈

인간관계에서 오는 괴로움은 대부분
타인에 대한 배려가 부족한 데서 연유한다.

타인에 대한 배려가 부족한 이유는
상대가 무엇을 필요로 하고
무엇을 싫어하는지 잘 알지 못하는
무감각 때문이다.

**타인의 감정에 무감각한 이유는
이기심이 가장 큰 원인**이고,

이 이기심은
나와 타인과의 관계가
어떻게 연기적으로 얽혀 있는지 알지 못하는
무지에서 온다.

그러므로 이 모든 고통에서 벗어나려면

나와 남이 둘이 아니라
하나라는 자타불이(自他不二)를 이해해야만 한다.

실제로 나와 남이 하나라는 것은 아니다.

그렇지만 인과를 주고받는 과정에서
남에게 베푸는 행위가
그대로 나에게 되돌아오고,
남에게 나쁘게 한 행위도
나에게 어떤 식으로든 결과를 준다.
이런 연기적 인과의 이치 속에서
나와 남이 하나라는 것이다.

이와 같이 나와 남이
둘이 아님을 알게 되었을 때,
그리고 그들이 고통에서 벗어나기 위해
허우적거리는 것을 볼 때,
자기 안에서 일어나는
색(色)·수(受)·상(想)·행(行)·식(識)과
타인에게서 일어나는 색·수·상·행·식에
연민을 느끼는

동체대비(同體大悲)의 마음이 생겨나는데,
바로 이것이 인간관계로부터의 해탈이다.

마음의 고통으로부터의 해탈은

욕망(의지)으로부터의 해탈,
생각(지성)으로부터의 해탈,
느낌(감성)으로부터의 해탈 등
세 가지 심리적 상태로부터의 해탈을 말한다.

먼저
욕망으로부터의 해탈은 무엇인가.

예를 들어
당뇨병이 심한 사람이
아이스크림을 아주 좋아한다고 하자.

그러면 아이스크림을 먹고 싶다는 욕망과
아이스크림을 먹어서는 안 된다는 의지적 욕망,
이 두 가지 욕망이 서로 싸울 것이다.

이렇게 서로 상충되는
두 가지 욕망이 존재하는 한
감정적 고통으로부터의 해탈은 실현될 수 없다.
그러면 고통으로부터 해탈하기 위해
서로 반대되는 이 두 가지 욕망을
어떻게 정리해야 할까?

아이스크림을 먹으려고 하는
욕망이 당뇨에 해롭다는 것을 깨닫고
아이스크림을 먹지 않는 쪽으로
의지를 확고히 붙들면,
아이스크림에 대한
의지적 욕망에서 해탈했다고 볼 수 있다.

그러므로 **해탈**이란
우리가 욕망할 수 있는
각각의 모든 대상으로부터
욕망이 완전히 사라진 상태
혹은 **건설적인 쪽으로 조화된 상태**를 말한다.

욕망이란 여럿이 한순간에 생겨나지 않는다.

개개인의 인연과 성향에 따라
시간의 흐름 속에서 개별적으로 생겨난다.

이렇게 시간차를 두고
과거·현재·미래에 일어나지만,
욕망은 또 공간적으로는
한순간에 온 세계에 존재한다.
이 **한순간에**
삼계(三界)**에 존재하는 욕망을 다스리는 것,**
이것이 바로 **욕망의 해탈**이다.

느낌으로부터의 해탈은 무엇인가.

느낌에는
좋은 느낌과 싫은 느낌,
편안한 느낌과 불편한 느낌의
두 가지 양태가 있다.

좋고 편안한 느낌을 좋아하고,
싫고 불편한 느낌을 멀리하려는 것이
느낌에 대한 욕망이다.

이렇게 **불편한 느낌을 멀리하고**
편안한 느낌을 취하려고 하는
욕망에서 벗어나는 것,
그것이 **느낌으로부터의 해탈**이다.
왜냐하면
좋아하고 싫어하는 느낌을 충실히 따른다면
고통이 더욱더 심화되기 때문이다.

생각으로부터의 해탈은 무엇인가.
그것은 견해의 해탈이다.

견해는 판단이다.
사람들은 살아가면서 받아들이는
각종 정보와 지식을
유익하고 해로운 것,
옳고 그른 것으로 판단하여 분류하고
자신을 유지하기 위해
이것을 굳게 붙들고 집착한다.

생각의 해탈,
즉 **견해의 해탈**이라는 것은

**자신의 견해가 절대적으로 옳고,
타인의 견해는 그르다고 판단하는
이러한 집착에서 자유로워지는 것이다.**

남이 틀리듯이
나도 틀릴 수 있고,
틀린 것은 '나'가 아니고 왜곡된 정보의 집합이며,
나아가서는
틀릴 '나'가 존재하지 않는다는 것을 아는 것이다.

이것이 **생각으로부터의 해탈**이다.

이러한 지성, 감성, 의지적 욕망이
완전히 조화된 상태가 열반이다.
그리고 이러한 해탈의 구체적 여정이
바로 팔정도(八正道)와 십바라밀(十波羅蜜)이다.

7

팔정도

1. 바른 견해

고통을 완전히 여의고,
행복을 성취하는 데는 두 가지 길이 있다.

하나는
번뇌를 모두 소멸시켜서
태어남의 고통에서
완전히 벗어나는 길이고,

또 하나는
자신의 번뇌뿐만 아니라
여러 가지 삼매와 신통 지식을 닦아서
중생들의 번뇌와 고통까지 소멸시키는
머나먼 수행의 여정을 가는 것이다.

앞에서 살펴본 바와 같이
이 세상의 모든 괴로움은
나와 나의 것에 대한 집착에서 온다.

그러므로

나와 나의 것에 대한 집착을 버린

무아(無我)**의 성취행인 팔정도**(八正道)**는 아라한행,**

무아의 실천행인 십바라밀(十波羅蜜)**은**

보살행이라고 말할 수 있다.

불교의 가장 큰 특징은

세상의 여러 괴로움을

수행으로 다스릴 수 있고,

수행으로

완전한 행복을 성취할 수 있다는 것이다.

삶은 행위이다.

행위에는 신체적·언어적·정신적 행위가 있다.

모든 행위에는

동기 또는 욕구가 있다.

좋으면 취하려 하고

싫으면 멀리하려 한다.

언어적으로는 좋으면 칭찬하고
싫으면 비판하게 된다.

심리적으로는
좋으면 당기고
싫으면 밀어낸다.

이처럼
인간의 모든 행위는 불편함에서 벗어나
편한 상태를 만들려는
욕구 때문에 생겨난다.

즉, 고통에서 벗어나
행복을 추구하려는 욕구가
행위를 일으키는 것이다.

그러나 사람마다
행복에 대한 이해와 가치관이 다르고,
다른 만큼 다양한 욕구와 인생이 펼쳐진다.

만약 행복에 대한 견해가 바르지 않으면

행복을 원하나 불행을 초래하는 꼴이 된다.

행복에 대한
바른 견해가 절실히 요구되는 까닭이다.

요즘 같은 물질만능주의 사회에서는
오욕락(五欲樂)을 만족시키는 것이
삶의 목적이고 행복이라고 생각하기 쉽다.

그래서 아름다운 대상을 소유하고,
아름다운 소리를 듣고,
향기로운 냄새에 취하고,
맛있는 음식을 먹고,
부드러운 감촉의 옷을 입고,
이 다섯 가지 욕망의 결정체인
성욕을 만족시키는 삶,
이러한 삶을 위해 밤낮으로 일하고
애쓰고 노력한다.
그리고 그러한 삶을 최상의 삶으로 여긴다.

만약 이들이 도덕적이고

남을 해치지 않으면서 오욕락을 추구한다면
나쁘다고만 할 수는 없을 것이다.

그러나
이 다섯 가지 욕망을 만족시키는 것이
오히려 나의 삶을
피폐하게 만들고 외롭고
병들게 하는 것이라면
과연 이 오욕락을
행복이라고 말할 수 있을까?

만약 오욕락이
나의 정신적인 행복과
내가 사랑하는 사람들의 행복에
반하는 것이라면
오욕락은 반드시 다스려야 할
불행의 씨앗이 아닐까?

그렇다면
이 오욕락을 다스리려면
어떻게 해야 할까?

가장 먼저

오욕락이 나의 행복에 도움이 되는지

해가 되는지 판단해야만 한다.

이를 **택법각지**(擇法覺支)라 한다.

나에게 도움이 되는지 안 되는지를 알려면,

나는 어떠한 오욕락을

추구하고 있는지를 알아차려야만 하는데,

이것이 **염각지**(念覺支)다.

오욕락만을 추구하는 사람들은

잘못된 인식과 잘못된 인생관을 가진 경우가 많다.

즉,

오욕락을 추구하는 것이야말로

인생의 유일한 행복이라고 착각하는 것이다.

바로 **사견**(邪見)이다.

사견은

사성제에 대한 무지, 인과에 대한 불신,

네 가지 잘못된 견해* 등이다.

이 **사견을**
바로잡아 주는 것이 정견(正見)**이다.**

행복의 길로 가려면
이 사견을 바로잡고 정견을 갖추어야 한다.

즉,
온전한 행복인 열반을 성취하기 위해서는
바른 견해를 갖추는 일이
다른 어떤 노력보다 선행되어야 한다.

바른 견해가 없는 이는
아무리 고행을 하고 노력을 한다고 할지라도
결국에는 해탈과 정반대의 길로 가게 된다.

●
무상하고 괴로우며 부정하고 무아인 모든 형성된 법을 '영원하고
즐거우며 아름답고 참나'라고 믿는 것을 말한다.

2. 바른 생각과 바른 서원

행복 또는 불행을 원하는 것은
모두 개인의 선택이다.

인간에게는 자유 의지가 있기 때문이다.
안타까운 것은
사람들이 행복을 원하면서도
불행의 길을 간다는 것이다.

그 이유는
행복에 대한 무지와
그 기준이 각기 다르기 때문이다.

어떤 사람들은 양심에 거리끼는 일,
예를 들어 남을 이용하고, 남의 것을 빼앗고,
심지어는 거짓말이나
잔인한 일을 해서라도
자신의 오욕락(五欲樂)을 즐기는 것을

행복이라고 생각한다.

또 어떤 사람들은
오욕락을 즐기되 양심을 지키고
남을 해치지 않으면서
누려야만 행복이라고 생각한다.

이들은 남의 것을 빼앗지 않고,
남을 속이지도 않고,
정당하게 스스로 노력하여
오욕락을 즐기는 사람들이다.

또 어떤 사람들은
오욕락은 무상한 것이고,
삶의 의미를 가져다주지 않기 때문에
몸과 마음을 고요하게 다스리고
선정을 닦는 것을 행복으로 여긴다.

또 어떤 사람들은
존재의 세계에서 벗어나
다시 태어나지 않는 것을 행복이라고 생각하고,

어떤 이들은
중생을 도와주는 삶만이
진정한 행복이라고 생각한다.

삶의 양태가 개개인마다 다양하게 드러나는 것은
행복에 대한 정의가 각각 다르기 때문이다.
그리고 그것은
행위의 결과에 대한, 인과에 대한
이해의 차이에서 생겨난다.

그러므로 삶의 행복에 대한 바른 견해와
인과에 대한 이해는
삶의 질을 결정하는 데 매우 중요한 역할을 한다.

그렇다면
무엇이 인간을 불행으로 이끄는 견해인가.

그것은 네 가지 잘못된 견해이다.

이 네 가지 잘못된 견해가
잘못된 인생관을 갖게 하고,

잘못된 인생관이
잘못된 목표를 세우게 하고,
잘못된 목표가
바르지 않은 사유를 하게 만든다.

그 네 가지 잘못된 견해는
인생이 영원하고[常], 즐거운 것이고[樂],
자아가 실재하고[我], 아름다운 대상[淨]이
실재한다는 믿음이다.

그러므로 바른 수행은
이 네 가지 견해에 대한 성찰로부터
시작해야 한다.

첫째로
과연 즐거운 느낌은 실제로 존재하는가이다.
수행자가
느낌을 지속적으로 관찰하면
삶은 다만 괴로움일 뿐이라는 것을 알게 된다.
또한 이 괴로움이 잠깐 정지된 상태를 사람들은
즐거움으로 오해하고 착각한다는 것도 알게 된다.

이와 같은 사실을 경험하면
오욕락을 위해 인생을 사는 것이
얼마나 헛된 일인지를 깨닫게 되고,

오욕락을 위해
남을 해치거나 업을 짓는 삶을 지양하며,
보다 의미 있는 삶을 추구하게 된다.

둘째는
아름다움에 대한 정의이다.

아름다움 역시
자세히 관찰하다 보면
어떤 대상에 자신의 업을 투사한 주관적인 것이요,
기억에 의해 만들어진 것이지
실제로 존재하는 것이 아님을 알게 된다.

이것을 알게 되면
더 이상 실재하지 않는
대상을 향해 치달려 가지 않게 된다.

셋째는
자아와 관련된 견해이다.

견해라고 하는 것은 본래 주관적이다.
한 인간은 같은 시간에
모든 공간에 존재할 수 없기 때문에
사물을 한쪽에서 바라볼 수밖에 없다.

그러므로 견해는
한쪽으로 치우친 시각, 즉 편견이고,
이에 반해 전체적으로 조화롭게 보는
시각은 정견이다.

그래서 나의 견해를
절대적인 것, 또는 나의 것으로 보는 것은
치우친 견해이고,
나의 견해는 사물을 바라보는
시각의 일부분일 뿐이라고 보는 것은
바른 견해이다.

이것이 자아의 견해와 관련된 정견이다.

또한 존재하는 모든 것은
무상(無常)·고(苦)·부정(不淨)·무아(無我)
라고 보는 것이 바른 견해이다.

이러한 바른 견해는
바른 목표와
바른 생각을 일으키게 한다.

느낌에 대한 바른 관찰로 인해
욕망을 소멸시키는 삶,
남들을 해치지 않고
오히려 그들의 고통을 덜어 주는 삶을
인생의 목표로 세우고 사유하는 것,
이것이 바로
바른 서원, 바른 목표, 바른 생각이다.

3. 바른 언어, 바른 업, 바른 직업

정견(正見)에는
출세간(出世間)의 정견과
세간(世間)의 정견이 있다.

인과를 잘 이해하고 믿는 것은
세간의 정견에 해당한다.

현재 경험하고 있는 고통과 즐거움을
신이나 남의 탓으로 돌리는 것은 사견이고,

**내가 경험하는 즐거움과 괴로움을
모두 몸과 마음으로 지은
업의 과보라고 보는 것은 정견이다.**

**정견이 확립된 사람만이
더 나은 삶을 향한 실천행을 할 수 있고,
건전한 인생관을 확립할 수 있다.**

그러므로
인과에 대한 이해와 바른 믿음은
팔정도를 통해
온전한 행복을 구현하는 데
절대적으로 필요하다.

인과에 대한 바른 믿음이
바른 서원, 정사(正思)를 갖게 하고,
바른 서원은 **바른 생각**, 즉 **욕망을 소멸하는 생각,**
남들을 해치지 않는 생각,
연민심의 생각을 일으키게 한다.

바른 생각이 정립된 사람은
언어적·신체적 행위와 생업의 행위 속에서
남을 해치는 삶을 살지 않게 된다.
이것이 **정어**(正語)·**정업**(正業)·**정명**(正命)이다.

바른 서원을 실천하는 사람은
다른 생명을 괴롭히거나,
남이 주지 않은 것을 취하거나,
사랑하는 사람이 있는

남의 배우자를 유혹하는 등의
세 가지 신체적 악행을 저지르지 않는다.

또한 거짓말, 이간질,
거친 말, 쓸데없는 말이라는
네 가지 언어적 악행에서도 멀어지게 된다.

더 나아가서 바른 생계를 영위하며
다른 생명에
피해가 되는 생계 수단을 피하게 된다.
다른 생명에 피해를 주는 생계 수단에는
무기 거래, 생명체의 거래,
도살업, 독약 거래, 마약 거래 등
다섯 가지가 있다.

일례로 자이나교도들은
계율을 준수하고
생업에 관련된 악업을 피하고자
일찍부터 보석 거래에 눈을 뜨게 되었고,
현재도 인도의 보석 사업에는
자이나교도들의 비중이 크다.

바른 서원 또는 바른 목표는
이와 같이 행위 속에서 표현되고 실천된다.

그것은 계의 실천이고
넓게 보면 선업을 쌓는 일이다.

**업은 우리를 이 세상에 존재하게 하고
고통과 즐거움의 열매를 맛보게 하는 원인**이다.

업에는
드러난 업인 **표업**(表業)과
드러나지 않은 정신적 업인 **무표업**(無表業)이 있다.
드러난 업에는
다시 **언어적 업, 신체적 업, 직업**(생계)**의 업**
세 가지가 있다.

불행의 원인은 일곱 가지 드러난 악업 때문인데,
그것은 **거짓말, 이간질, 거친 말, 꾸며낸 말**이라는
네 가지 언어적 악업과
살생, 도둑질, 삿된 음행이라는
세 가지 신체적 악업을 말한다.

이것들은
인간의 삶을 불행하게 만드는 요소이기 때문에
행복해지기 위해서는
반드시 이것들로부터 멀어져야만 한다.

행위가 업이 되려면
세 가지 심리적 요소가 뒤따라야 한다.

예를 들어
악행을 악업이라고 정의를 내리려면
먼저 미리 계획된 의도[行]가 선행되어야만 한다.

미리 계획되고,
그 행위가 악인지를 아는 **앎[想]이 있고,**
분노나 악의[受]와 함께 행위하는 것이
바로 악업이다.

남에게 악한 말을 할 때,
충동적으로 남의 안 좋은 것을 말하는 것과
미리 계획하고 의도적으로 이간질하는 것,
이 두 가지는 결과가 완전히 다르게 나타난다.

두 가지 중 후자를 업이라고 한다.

업이라는 것은
감정[受] · **지성**[想] · **의지**[行]**가**
행위와 동시에 작용한다.

그러므로 '의도된 악업'과
'의도하지 않은 악행'의 차이점은
악업은 다음 생의 과보를 일으키게 하고,
일반적 행위는
대부분 그 생에서 과보가 소멸된다는 점이다.

일반적으로 의식의 진화는
세 가지 측면에서 바라볼 수 있다.

첫째는 **악한 마음**이라는 측면,
둘째는 **선한 마음**이라는 측면,
셋째는 **청정한 마음**이라는 측면이다.

악한 마음을 다스리려는 사람은
선악을 잘 분별해야 하고,

악의 과보가 얼마나 무서운지
상상력을 동원해서라도
그 과보의 두려움을 깊이 인식해야 한다.

선한 마음을 계발하고
선을 행하려는 사람은
그 선의 과보가 얼마나 유익하며 즐거운지
그 과보에 대해 깊이 사유해야 한다.

그것으로 인해
선을 행하는 동안에 생겨날 수 있는
여러 가지 어려움을 극복할 수 있다.

마지막으로
청정한 마음을 계발하려면
출세간의 정견을 확립해야 한다.

4. 칠불통계게와 수행의 단계

해탈이 **수행의 완성**이라면,
윤회의 원인은 업이다.
수행은 신(身) · **구**(口) · **의**(意)
삼업(三業)**을 다스리는 것**이다.

불자라면 최소한
정견과 정사를 통해
어떠한 삶이 불행한 삶이고
어떠한 삶이 행복한 삶인가를 알아야 한다.
그리고 **불행한 삶으로 이끄는,**
마음의 그릇된 프로그램을 교정해서
[諸惡莫作]
행복한 삶으로 바꾸어야 한다
[衆善奉行].
나아가서 **그 행복을**
마음의 평화로 승화해야 한다
[自淨其意].

이것이
불교에서 바라본 심리적 정화의 단계이다.

이러한 심리적 정화의 단계에 대해
좀 더 구체적으로 살펴보자.

먼저 **제악막작**(諸惡莫作)이다.
칠악, 즉 **일곱 가지 악행을 저지르지 않는 것이**
불행한 삶을 방지하는 길이다.

일곱 가지 악행이란
살생, 도둑질, 삿된 음행,
거짓말, 이간질, 거친 말, 꾸며낸 말이다.

이 일곱 가지 악행의 과보는
지옥과 아귀, 축생의 삶이다.

굴러다니는 돌도 내가 차면
내가 찬 강도만큼 나를 되돌려 친다.
마찬가지로
내가 경험하는 모든 불행은

내가 행한 행위의 결과라는 것이
바로 인과의 법칙이다.

이러한 인과의 가르침을 이해한 사람은
자신의 불행이
자신이 지은 악업의 결과라는 것을 알기에
그 불행을 기꺼이 받아들이며,
남을 탓하지 않고
스스로에게서 그 불행의 원인을 찾아
그것을 바로잡으려고 노력한다.

남의 눈에서 눈물이 나게 하면
나와 내가 사랑하는 사람의 눈에선
피눈물이 나는 법이다.

이러한 인과에 대한 믿음과 이해가 있기에
여러 악행이나 남의 고통에 대한
무관심과 무감각에서
벗어나려는 마음이 생겨나는 것이다.

왜냐하면

남의 괴로움에 대한 무관심과 무감각 때문에
칠악을 짓게 되는 것이고,
남의 괴로움에 대한 무감각은
자신에 대한 과도한 집착 때문에 오는 것이며,
자신에 대한 과도한 집착은
인과와 조건에 대한
무지에서 오는 것이기 때문이다.

둘째는 **중선봉행**(衆善奉行)이다.
칠악의 반대인 **칠선을 지어서**
천상에 태어나는 것을 바라거나
지금 이 순간에 천상의 삶을 즐기는 것이다.

행복은 본래 존재하지 않는다.
다만 남을 기쁘게 하거나
행복하게 한 순간과,
그 복들의 과보를 받는 순간들의
기쁨이 모여서
행복이라는 느낌을 경험하게 하는 것이다.

그러므로 남을 기쁘게 한 사람만이

오직 인간과 천상의
기쁨을 누릴 자격이 있다.

다시 말하면
천상은 실재하는 것이 아니고,
복을 지은 에너지가
천상이라는 형태로 보이는 것이다.

그러나 그 복이 다하면
더 이상 천상은 보이지도 느껴지지도 않는다.
마치 아궁이에서 불타고 있는 장작이 다하면
불이 꺼지는 것과 같다.

마찬가지로
지옥도 본래 실재하는 것이 아니다.
다만 악을 지은 에너지들이 뭉쳐서
지옥을 느끼게 하는 것일 뿐이다.

그렇다고
경험되어지는 천상과 지옥이 없다는 것이 아니다.
업의 형성과 집착이 있는 한

그 모든 세계는 경험적으로 존재한다.

경험적으로는 존재하지만
본래적 실재가 아니라서
인연을 제거하면 존재하지 않게 되는 것이다.
이것이 법의 무자성이다.

셋째는 **자정기의**(自淨其意)이다.
탐욕과 성냄,
자아에 대한 무지로부터
그 마음을 청정하게 하는 것이다.

천상이 아무리 좋아도
복이 다하면 떠나야 하니 영원하지 않고,
남은 악업으로 인해
인간이나 지옥에 떨어지게 되면
더욱더 큰 괴로움을 겪기 때문에
천상에 대한 집착을 떠나
해탈을 추구하는 마음을 일으켜야 한다.

천상의 세계들은 욕망의 세계이며,

욕망을 충족시킨 결과는
무상하고 허망한 것이기 때문이다.

그러므로
천상에서 누리는 쾌락에 대한
집착을 놓아 버려야만 하고,
지옥이나 축생에
태어날 악업을 지으면서 누리는 쾌락은
더욱 말할 여지없이 놓아야만 한다.

그리고 과거의 바르지 않은 삶에 대한 기억을
참회한 후, 용서하고 놓아 버린 다음
집착하지 않는 것이
불행한 삶을 살도록 강요하는,
마음에 형성된
'악업'의 프로그램을 교정하는 것이다.

5. 바른 정진

인간의 마음은
지(知)·정(情)·의(意)라는
세 가지 정신적 요소를 가지고 있다.

수행은
지·정·의 3요소를
다스리는 것이라고 할 수 있다.

정견(正見)·정사(正思) 등을 통해
지적인 업을 다스리고,
정어(正語)·정업(正業)·정명(正命) 등을 통해
의지적인 업을,
선정행(禪定行)을 통해
감성적인 업을 각각 다스리게 된다.

감성적 번뇌는
잠재의식에 자리 잡고 있는

좋아하고 싫어하는 감정이다.

이들 감성의 결과가
마음에 산더미처럼 쌓여 있으니
대상에 대한
탐착[貪]과 분노[瞋]가 생겨난다.

싫어하는 감정에 충실하면
기가 빠져 무기력해지고[昏沈],
좋아하는 감정은 사람을 들뜨게 만들고[掉擧],
혼란에 빠지게 한다[疑].

이 다섯 가지 감정의 번뇌[五障碍]를
다스리는 것을
선정행(禪定行)이라 하고,
이것이 정정진(正精進)의 시작이다.

인간의 의식 혹은 기억 속에 있는
탐욕과 분노를 정화하는 것이
바로 정정진이다.

정정진에는 네 가지가 있다.

첫째,
마음이 여섯 가지 감각 기관을 통해
받아들인 정보가
좋아하고 싫어함에 물들지 않도록
감각 기관을 제어하고 다스리는 일이다.

이를 **율의근**(律儀勤)이라 한다.

좋아하고 싫어함은
모두 괴로움의 원인이 되기 때문에
행복을 추구하는 사람은
그 감정을 먼저 다스려야 한다.

싫어하는 마음이 괴로움이라는 것은 명백하다.
일단 싫은 생각은
싫은 감정을 일으키게 하고,
싫은 감정은
표현해도 괴롭고 억눌러도 괴롭기 때문이다.

표출된 싫은 감정은
자신과 상대에게 상처를 입힌다.
억눌러진 감정은
은밀한 방법으로, 또는 부도덕하게 표출된다.

그러나 좋아하는 마음이
싫어하는 마음보다
더 큰 고통이 될 수 있다는 것을
사람들은 간과한다.

한번 좋아하는 마음이 일어나면
브레이크가 고장 난 기차를 타는 것과 같다.

좋은 것은 갖고 싶고,
갖지 못하면 괴롭다.

만일 갖게 되더라도 놓치고 싶지 않고,
시간이 흐를수록
그 대상에 더 집착하게 되고,
집착할수록 그 대상이 변하거나 사라질 때
엄청난 고통을 겪게 된다.

더욱더 무서운 것은
좋아하는 느낌을 위해 평생 종노릇하며
충족시켜 준다 해도 느낌 자체는 만족을 모르고,
계속해서 더 큰 욕망을 불러일으킨다는 점이다.

싫어하는 감정은 싫어하는 환경을 끌어당긴다.
일반적으로 배려심이 많은 사람은
이기심이 많은 사람을 싫어하고,
검소한 사람은
낭비하는 사람을 싫어한다.

자유분방한 사람은
강요받는 것을 싫어하고,
아름다운 것을 좋아하는 사람은
못생긴 것을 싫어한다.

문제는
이 싫어하는 감정들이
그 대상을 끌어당긴다는 점이다.
감정은 자석과 같은 성질을 가졌으나 눈이 없다.

좋건 싫건 감정이 한번 생겨나면
그 대상을 자석처럼 끌어당긴다.

**이것이 싫어하는 감정을 가진 사람에게
싫어하는 상황이 늘 발생하는 이유**이다.

이것이 마음의 법칙이고,
**이것이 좋아하고 싫어하는 마음을
다스려야 하는 이유**이다.

시비를 고집하는 한
좋지 않은 상황으로부터 자유롭기는 어렵다.
사람의 모든 생각은
좋아하거나 싫어하는 느낌[受]과
연관되어 있다.
육근(六根)을 통해 받아들인 정보는
자연히 좋아하거나 싫어하는 것 중의 하나이고,
나에게 이로운 것은 좋아하고
해로운 것은 싫어하게 된다[想].

좋다고 생각하면 가까이 하고 싶은 욕망이,

싫다고 생각하면 멀리하고 싶은 욕망
혹은 의도가 일어난다[行].

그 욕망과 의도들이 업이고
나의 현실을 끌어당기는 것이다.

그러므로
마음 안에 잠재된 심리적 업을 정화하기 전에
감각 기관부터 단속하여, 감각 기관에 내재된
업 정보들을 제어할 수 있어야 한다.

둘째,
이미 **생겨난 감정의 번뇌들을 없애는 것**이다.
이를 **단근**(斷勤)이라 한다.

업을 다스려서 해탈을 성취하는 것은
천 년 묵은 우물을 청소하는 것에 비유할 수 있다.

천 년 묵은 우물을 청소하려면 일단
더러운 오염물이 밖에서 들어오지 못하도록
지붕을 세워서 차단한 후[律儀勤]

우물 안으로 들어가서
더러운 것을 닦아내야 한다.
이처럼 마음의 우물 안으로 들어가서
다섯 가지 마음의 번뇌를 닦아 내고 다스리는 것을
단근이라 한다.

셋째,
이들 불선법은
정념을 위시한
일곱 가지 깨달음의 구성 요소, 즉 칠각지(七覺支)
라는 **선법을 증장시킴**으로써 다스릴 수 있다.
이를 **수근**(修勤)이라 한다.

칠각지란
염각지(念覺支), 택법각지(擇法覺支),
정진각지(精進覺支), 희각지(喜覺支),
경안각지(輕安覺支), 삼매각지(三昧覺支),
평등각지(平等覺支)를 말한다.

넷째,
그러한 연후에

다시 **마음이 오염에 물드는 것을 방지하기 위해**
부정관(不淨觀) **수행**을 해야 한다.
이를 **수호근**(守護勤)이라 한다.

6. 정념

일상에서 일어나는 상황을
개념적 판단에 얽매이지 않고
있는 그대로 바라보는 것을
'사띠(sati)'라고 한다.

사띠는 '바라봄', '깨어있음', '알아차림',
'마음챙김', '바른 억념', '각성'
등으로 다양하게 번역된다.
필자는 이후 '사띠'로 통일하고자 한다.
왜냐하면
이 사띠라는 단어에는
복합적인 의미가 있기 때문이다.

사띠에는
'바라봄'의 기능과 함께
'단순 앎'과 '복합 앎'의 기능도 있다.

『대념처경』은 이 사띠를
"호흡의 들고남을 주시하는 것"
으로 설명하고 있다.

호흡이 들어가고 나올 때
그 호흡이 긴지 짧은지 아는
'단순 개념에 대한 앎이 있는 알아차림'을
빠자나띠(pajānāti)라 하고,
온몸의 구부러짐과
유기적이고 '복합적인 개념을 아는 알아차림'을
정념정지(正念正知)*라 한다.

삶에서 일어나는 대부분의 행위는
복합적인 앎과 함께하며,
좌선할 때의 앎은 단순 앎에 가깝다.

이 앎의 기능은
좋아함과 싫어함, 이로움과 해로움,

●
sati sampajañña

욕구함 등의 번뇌적 측면이 제거된 상태의 앎이다.
곧 심(心)이 심소(心所)를,
또는 식(識)이 수(受)·상(想)·행(行)을
'알아차림'하는 것이다.

이러한 사띠의 대상은 무엇인가?

그것은 다름 아닌 '나'이다.
인생에서 가장 중요한 질문은
"나는 누구인가?",
"나는 무엇인가?"이다.

내가 누구인지, 내가 무엇인지 알려면
나의 몸과 마음을 있는 그대로 알고 보아야 한다.
그러기 위해 사띠를 하는 것이다.

그렇다면 나의 무엇을 알아차려야 하는가?
나는 몸과 마음으로
이루어져 있다는 것을 알아차려야 한다.
그리고 그 대상을 알아차려야 한다.
왜냐하면

작용 속에서만 '나의 존재'가 파악되기 때문이다.

몸[身]의 대상은 느낌[受]이고,
마음[心]의 대상은 개념과 생각[想],
욕구 작용[行] 등의 법(法)이다.

다시 말해
나를 안다는 것은
신(身)·수(受)·심(心)·법(法)을 안다는 것이고,
신·수·심·법을 안다는 것은
오온(五蘊)으로 구성된 나를 알고 본다는 것이다.

그러므로
사띠의 대상은
신·수·심·법 또는 **오온(나)**이다.

무릇 수행이란
중생들의 마음의 병인 업(業)을
다스리는 것이다.
오해로 인해 잘못된 견해가 생기고,
그 잘못된 견해가

잘못된 인생관을 형성하고,
잘못된 인생관 때문에
행해진 잘못된 행위들의 결정체가
바로 업이다.

그러므로
잘못 형성된 견해와 인생관을
바르게 다스리고
악의 행위를 다스려서,
선의 행위를 증장시키고
마음을 청정하게 하는 것,
이것이 수행이다.
이와 같은 일련의 과정에는
거울이 대상을 비추듯
있는 그대로 주시하는
여실지견(如實知見)이 필요하다.

앎이 거울 같아야 하는 이유는
주관적 해석과 시비가 앎에 붙어 있으면
객관성을 상실해서
'있는 그대로' 볼 수 없기 때문이다.

또한 신(身)·구(口)·의(意) 세 가지 행위를
놓치지 않고 관찰해서
잠재의식 속에 있는 의도가
분명히 드러나도록 하는 작업이 필요하다.

왜냐하면
의도가 업을 일으키는 주체이기 때문이다.

의도를 분명히 알아차려야만
의도의 구성 요소인 생각과 견해를
바로잡을 수 있다.

생각과 견해는
중생들의 마음의 병인 업의 시작점으로,
이것들을 다스리지 않고는
업을 정화하거나 치유할 수 없다.

업은 어떻게 나타나는가?
업은 육문(六門)을 통해 드러난다.

여섯 가지 감각 기관이 작용하면

수(受)·상(想)·행(行)이 같이 작용하게 된다.

이는 대상을 보고 듣는 가운데
좋아하고 싫어하는 느낌[受],
옳고 그르다고 하는 판단[想],
당기고 밀치는 의지 작용[行]들이
함께 생겨나기 때문이다.

모든 사람의 수·상·행은 각각 주관적이고,
개인의 업에 의해 각자의 견해들이
다르게 형성된다.

똑같은 사물을 바라보아도
사람마다 수·상·행이 각기 다르기 때문이다.

그러므로
업을 다스리는 데는 두 가지 단계가 필요하다.

첫째,
육근(六根)에서 받은 정보를
수·상·행과 분리해서

**업에 물들지 않은 청정한 의식으로 알고
보는 단계다.**
이들을 분리하는 작업이
바로 '아무런 분별 없이 바라봄',
'단지 바라보기만 할 뿐'인 것이다.

둘째,
끌어당김[行]의 구성 요소인
**좋아하고 싫어하는 느낌[受]과
옳고 그르다고 하는 개념적 판단[想·相]의 본질을
해체하고 관찰하는 단계다.**

이 두 가지 단계를 통해 우리는
스스로의 업을 다스릴 수 있다.

그렇다면
사띠를 하는 이유는 무엇 때문인가?
첫째는
**잠재의식에 있는 감성의 번뇌들을
깨끗이 정화하기 위해**서이고,
둘째는

나의 실체를 분명히 앎으로써
나에 대한 집착에서 벗어나기 위해서이다.

'나'는
몸과 그 대상인 느낌,
마음과 그 대상인 법으로 이루어져 있으며,
그것들은 항상 인연 따라 변화한다.

그 변화하는 것에 대해
고정된 집착을 가지면 고통이 생겨나고,

그것들에 자성(自性)이 없음을 알면
나와 법의 실체를 보게 되는 것이다.

이와 같이 보면
더 이상 집착할 내가 없음을 알게 되어
유신견(有身見)을 버리고
수다원이 되거나
보살 초지를 성취한다.

감성의 번뇌들을

깨끗이 정화하기 위해서는
습관적 행위를 의식화해야 한다.

악업을 짓는 것은 몸과 입이지만,
사실 그것은 도구일 뿐, 근원은 마음의 의도이다.

그러므로
정신적인 요소인 마음의 의도가
어떻게 신체적인 업의 행위를 일으키는지
알아야 한다.
다시 말해
모든 행위의 의도를 보아야 한다.

그렇게 해야
마음의 숨은 번뇌가
수면 위로 낱낱이 드러난다.

번뇌의 근원은 사견에서 시작되기 때문에

수행의 출발점은
신(身) · **수**(受) · **심**(心) · **법**(法)을

부정(不淨) · **고**(苦) · **무상**(無常) · **무아**(無我)
로 보는 **정견**이다.

부정 · 고 · 무상 · 무아를 꿰뚫어 알면
인생의 바른 목표가 생긴다.
인생의 바른 목표는
번뇌 속에 살고 있는 중생의 삶을
번뇌를 끊어내는 삶으로 바꾸게 하는
중요한 요소이다.

그리고 **그와 같은 생각을 하는 것을**
정사(正思)라 하고,
그와 같은 **생각을 실천하는 것**이
정어(正語) · **정업**(正業) · **정정진**(正精進)이다.

이러한 실천 행위를 통해
잠재의식의 먼 과거로부터
쌓아 올린 한(恨)**과 집착,**
탐착과 성냄이라고 하는
찌꺼기를 닦아 나가는 것을
선정행이라고 한다.

이 **모든 것의 시작은**
바로 정견(正見)이다.

"몸은 부정하고,
느낌은 괴롭고,
마음은 무상하고,
법은 무아다"라는
불조(佛祖)의 가르침을
거듭해서 듣고 이해하는 **문혜**(聞慧),

그 가르침을
거듭거듭 사유함으로써
마음속의 여러 욕망과 견해, 감정 등을
조화·일치시키는 **사혜**(思慧),
이 **두 가지가 정견에 포함**된다.

이것들을 직접적으로 경험하는
사념처 수행의 **수혜**(修慧)가 바로
바른 사띠, 즉 정념(正念)이다.

사띠는

일반적으로 '호흡의 알아차림'으로부터 시작한다.

호흡에 집중해야 하는 이유는
호흡이
마음을 현재에 머물게 하는
가장 확실한 수단이기 때문이다.

마음은
늘 과거나 미래에서 노닐지만
호흡은 오직 현재에만 머문다.

그렇다면
왜 마음을 현재에 머물게 해야 하는가?

과거나 미래는 실재하는 것이 아니고
개념으로 이루어진
가상의 실재이기 때문에,
현재에 마음이 머물지 않으면
나의 진실한 모습을 보지 못한다.

마음이 현재에 머무를 때

나의 실체를 경험하여 깨닫고,
'나'라는 집착에서 벗어날 수 있는 것이다.

마음을 현재에 머물게 해야 하는 또 다른 이유는
모든 번뇌는
마음을 타고 흘러들어 오기 때문이다.

호흡과 몸에 대한 느낌은
오직 현재이기 때문에
호흡의 알아차림을 통해
마음이 과거나 미래로 흘러들어 가는 것을
막아 낸다.

이렇게 해서
이미 일어난 근심이나 걱정,
앞으로 일어날 근심이나 걱정 등을
다스릴 수 있게 되는 것이다.

호흡을 알아차리는 명상을 하면
마음속의 기억들이 스멀스멀 올라오게 된다.

그것들은
감각적 욕망, 성난 기억과
짝지어 일어나는 생각들이다.

이러한 생각들은
몸과 마음을 지치게 하여
무기력이나 혼침,
들뜸, 후회 등에 빠지게 한다.

이러한 상태가 지속적으로 반복되면
수행에 대한
회의와 의심이 일어나기도 한다.
이를 오장(五障)이라 한다.

이럴 때는 이들이
있으면 있는 줄 알고,
없으면 없는 줄 알아야 한다.

또한 이들이 없다가 발생하면
'일어남'을 알아야 하고,
있다가 사라지면

'사라짐'을 있는 그대로 보아야 한다.

이것이 사띠의 주요 기능이다.

몸과 마음이 기쁜 상태에서 이것들을 바라보면
감각적 욕망은 가라앉고,
나를 괴롭히거나 나에게 잘못했던
상대방을 이해할 수 있는 여유가 생겨나며,

**상대방의 처지와 인연을 이해하게 되면
번뇌는 자연스레 소멸해 버린다.**

이것을
정념정지(正念正知)라고 한다.

8

법념처

1. 오온 사띠

오장(五障)이 제거되어 마음이 맑아지면
마음의 움직임이 또렷이 보이게 된다.

마음은
지적 판단,
좋고 싫은 감성,
의지적 욕망 등과 함께하지만
그것들을 '아는 작용'도 한다.

그러므로
지적인 사유가 있으면 '있음',
없으면 '없음',
있다가 사라지면 '사라짐',
없다가 일어나면 '일어남'이라고 알아차려야 한다.

또한 마음은
신체적인 행위와 함께 일어난다.

이때도 마찬가지로
신체적 행위, 좋고 싫은 감성,
의지적 욕망이 있으면 '있음',
없으면 '없음',
있다가 사라지면 '사라짐',
없다가 일어나면 '일어남'이라고 알아차려야 한다.

마치 동굴 입구에 서 있는 사냥꾼이
맹수가 동굴 안에 있는지 없는지,
안으로 들어갔는지 밖으로 나왔는지
빠짐없이 알아차려야
사냥할 수 있는 것처럼
오온(五蘊)의 작용도
그와 같이 알아차려야 한다.

이렇게 알아차리면
현재 나의 상황과 나의 모습은
욕망과 욕구의 결과라는 것을
명확하게 알 수 있게 된다.
여러 욕망과 욕구가
이 넓고 다양한 윤회 세계의

주원인이라는 것을 알게 되는 것이다.

욕망과 욕구를 자세히 들여다보면
두 가지 요소가 결합하여
이것들을 일으킨다는 것을 알 수 있다.

하나는
그 대상을 좋아하고 싫어하는
감성 작용이다.

일반적으로
좋아하는 대상은 갖고 싶어 하고,
싫어하는 대상은 멀리하고 싶어진다.

그런데 예외가 있다.
그 좋아하는 것이
나에게 해롭다는 판단이 들거나
옳지 않은 것이라는 도덕적 판단이 들 때다.
그럴 때는 그 욕망을 컨트롤하게 된다.

예를 들어 필자는

식후에 아이스크림이 디저트로 나오는 남방에서
오랫동안 생활했기 때문에
몸이 피곤할 때마다
팥이 든 아이스크림을 찾곤 했다.

하지만 아이스크림 때문에
체중이 늘어난다는 사실을 알게 된 이후로는
단호하게
아이스크림을 끊어 버렸다.
아이스크림을
좋아하는 감성[受]이 있지만,
아이스크림이 살을 찌우고
건강에 해롭다는 판단이
그것을 먹고 싶은
욕망[行]을 소멸시키는 쪽으로
감성 작용한 것이다.

그러므로
인생을 바꾸려면 **욕망**을 바꿔야 하고,
욕망을 바꾸려면 **수**(受)와 **상**(想)을 다스려야 하고,
수와 **상**을 다스리려면

육근(六根)과 **육경**(六境)에서 생겨난
'수·상·행 사띠 수행'을 해야 한다.

고통을 소멸하는 방향으로
욕망을 바꾸려는 욕구[行]와
그것들의 발생과 소멸을
있는 그대로 보는 식(識)의 사띠가
수행의 시작점인 것이다.

2. 십이처 사띠

수(受) · 상(想) · 행(行)을 바꾸려면
여섯 가지 감각 기관[六根]을 통해
여섯 가지 감각 대상[六境]을 인식할 때
어떻게 수 · 상 · 행의 작용이
번뇌와 연결되어 발생하는지를 알아차려야 한다.

먼저 눈을 눈이라고 알아차리고
형상을 형상이라고 알아차려야 한다.
촉을 연(緣)하여 식이 발생하면 식(識),
느낌이 발생하면 느낌이라 알고,
느낌을 연하여
이해의 판단 작용이 발생하면 상(想)이라 알고,
느낌과 상들에 대한
갈애(욕망)가 발생하면 결박되었음을 안다.

어떠한 결박인가?

① 눈의 감각 영역에 원하는 대상이 나타났을 때
　　즐기고 싶은 감각적 욕망의 결박이 일어난다.

② 원하지 않는 대상을 만났을 때
　　적의의 결박이 일어난다.

③ 이 두 가지를 알아차리고 나면
　　만족하여 자만의 결박이 일어난다.

④ 인식된 물질이
　　무상함을 알아차리지 못하고 움켜쥘 때
　　사견의 결박이 일어난다.

⑤ '이 몸이 참으로
　　나인가, 아니면 나의 것인가?'라고 의심할 때
　　의심의 결박이 일어난다.

⑥ 미세하고 미묘한 즐거움의 선정에
　　자주 머물게 되면
　　유탐(有貪)의 결박이 일어난다.

⑦ 자아에 대한 집착이 있어도
  고행의 계(戒)와 종교적 의식만으로도
  해탈할 수 있다는 견해가 발생하면
  계금취(戒禁取)의 결박이 일어난다.

⑧ 남이 내가 얻지 못한
  미묘한 즐거움을 얻는 것을 보고 시샘하면
  질투의 결박이 일어난다.

⑨ 자신이 얻은 것을
  남에게 나누어 주기 아까워할 때
  인색의 결박이 일어난다.

⑩ 이 모든 것과 함께 생긴
  무지를 통해 무명의 결박이 일어난다.

이러한 열 가지 결박이 일어날 때마다
알아차림을 놓지 않아야 한다.

눈과 마찬가지로
귀·코·혀·몸·마음도

좋아하거나 싫어하는 대상에 대한
욕망 등이 생겨날 때
그 욕망 등을 알아차려야 한다.

그 욕망들이
내 인생의 선장이자,
내 삶의 설계도이기 때문이다.

3. 칠각지

사띠의 알아차림은
마치 어부가 그물을 치는 것과 같다.

어부가 그물을 쳐서
모든 물고기를 잡아들이는 것처럼
크고 작은 행위와
그 의도들을 모두 알아차리는 것이다.

그러나 어부에게
잡은 물고기가 전부 다 필요한 것이 아니듯,
알아차리고 난 다음에는
선별 작업이 필요하다.

그것이 불행의 원인인 불선법(不善法)인지
아니면 행복의 원인인 선법(善法)인지 구분해서,
선법은 증장시키고
불선법은 소멸시키는 작업을 해야만 한다.

이것을
택법(擇法), 즉 바른 판단과 선택이라 한다.

여기에서 선과 불선의 욕구[行]는
신체적 행위를 일으키는 심리적 의도이다.

마음에 탐(貪)이나 진(瞋)이 있으면 있다고 알고,
없으면 없다고 알고,
탐이나 진의 마음이 생겨나면
그것을 '탐이다', '진이다'라고 알아차리고,
탐이나 진이 사라지면
사라짐이라고 알아차리는 것이다.

이와 같이
다섯 가지 심리적인 장애, 즉 오장(五障)●이
사라질 때까지 노력하는 것을
정진각지(精進覺支)라고 한다.

●
감각적 욕망, 성냄, 해태와 혼침, 들뜸과 회한, 회의적 의심을 말한다.

사띠는 이렇게
택법과 정진이라고 하는 각지로
계속 발전·심화시켜야 한다.

마치 어부가 그물을 쳐서 물고기를 잡은 후
바다로 보낼 것과 가져갈 것을 고르듯,
사띠는 택법으로,
택법은
정진으로 발전시켜야 하는 것이다.

이 사띠에 세 가지 각지,
즉 알아차림의 염각지,
택법각지,
정진각지가 충족되면
마음이 기쁘고 몸이 지극히 편안해지는
희각지(喜覺支)·경안각지(輕安覺支) 상태가 된다.

알아차림으로
마음과 몸이 기쁘고 편안해져서 평정해진 상태를
정(定)이라고 하고,
이 정의 상태에서

묵은 감정의 찌꺼기들이 씻겨 나간
삼매각지(三昧覺支) 상태가 되며,
이때 법을 바라볼 수 있는 마음의 평정,
즉 평등각지(平等覺支) 상태에 이른다.●

●
이것을 오온으로 설명하자면 칠각지에서 바라봄의 역할은
식(識)이고, 택법의 역할은 상(想), 노력은 행(行)이다. 또한 이후에
마음의 기쁨과 몸의 행복감은 수(受)와 색(色)의 영역이다.

9

선정

인간은 매일
크고 작은 상처를 주고받으며 산다.

이것은 자아에 집착하기 때문이며,
자아에 집착하는 것은
마치 가시덤불을 끌어안고 있는 것과 같아서
필연적으로 상처를 주고받게 된다.

이 상처들을 치료하지 않고 놔두면
나중에는 곪고 곪아서
감각적 욕망에 중독되어
현실에서 도피하거나
분노의 늪에 빠질 수 있다.

따라서
상처는 생길 때마다 바로바로
치료해 주어야만 한다.
그러면
어떻게 상처를 치료할 것인가?
바로 삼매(三昧)를 통해 치료해야 한다.

비유하자면 삼매는
세수를 하거나 몸을 닦는 것과 같고,
지혜는
암을 도려내기 위해 수술을 하는 것과 같다.

따라서
먼저 매일 삼매를 닦아서
더러운 때가 쌓이지 않도록
몸과 마음을 순화하고 정화해야 한다.

삼매를 닦지 않으면
감정적으로 부조화된 상태에서
불행을 끌어당길 수 있기 때문이다.

여기서 한 가지 짚고 넘어가야 할 것이 있다.

'자나(jhāna), 즉 선(禪)은
깨달음을 성취하는 데 있어
필수적 요소인가,
아니면 선택적 요소인가?' 하는 문제다.

결론부터 말하자면
필수적 요소이다.

설사 위빠사나 수행자라 할지라도
순간 삼매를 경험해야만 한다.

혜해탈(慧解脫) 수행자도
삼매를 경험해야 하는데,
탐(貪)·진(瞋)·치(癡) 삼독(三毒)을 여읜 상태를
공(空)·무상(無相)·무원(無願)의
대인삼매(大人三昧)라 하기 때문이다.

그렇다면
왜 삼매에서만 감정이 정화되는가?

그것은 삼매에 들기 위해서는
세 가지 마음가짐을 갖추어야만 하기 때문이다.

첫째,
내 마음속에 있는
여러 가지 성냄, 탐착들을 바라보아야 한다.

둘째,
몸과 마음이 기쁜 상태에서 바라보아야 한다.

몸과 마음이 괴로운 상태에서
화나는 기억을 보게 되면
오히려 더 화가 나기 때문이다.

셋째,
몸과 마음이 기쁜 상태에서 바라보면
나와 나에게 상처를 준 타인을
이해하고 용서할 수 있는 마음의 여유가 생겨
번뇌가 사라져 버린다.

이러한 과정에서 가장 중요한 것은
몸과 마음이 모두 기쁜 상태인데,
그것을 바로 선정(禪定)이라 한다.

이렇듯
선정에 든 사람만이
스스로의 감정을 정화할 수 있기에

선은 깨달음을 성취하는 데
필수적인 요소인 것이다.

사(思)·유(惟)·수(修)로 번역되는 선(禪)은
빠알리어로 'jhāyati',
즉 '명상을 방해하는
심리적 요소를 태워버리다'라는 뜻이다.

이 선에는 네 가지 단계가 있다.

마음이 한 곳에 집중된 상태를
선정이라 한다면,
불선한 행위와 심리적 상태를
분별하고 관찰해서 소멸시킨 후
몸과 마음이 편안해진 상태가
제1선이고,

선악을 분별하는 기능을 놓아 버린 후
몸과 마음이 편안해진 상태가
제2선이고,

마음속에 먼 과거로부터 쌓여 온
고통·한·응어리가 풀려
몸이 날아갈 듯 가벼워진 것이
제3선이고,

몸과 마음이
고통과 즐거움, 슬픔과 기쁨 등
모든 감정에서 초월한 상태가
제4선이다.

제4선은
평정한 마음의 상태이고,
법*을
있는 그대로 바라볼 수 있는
최선의 상태이다.

선정을 경험한 후
초선에서 제4선까지

●
사성제를 말한다.

거듭거듭 자주 드나들면서
잠재의식에 남아 있는
감정의 묵은 때를 닦아 내면
육신통(六神通),
특히 천안통(天眼通)과 숙명통(宿命通)이 계발된다.
제4선을 경험은 했으나
선정을 자주 닦지 않고
지혜 쪽으로 계발하면
묵은 업장들이 완전히 씻기지 않아서
신통력은 더 이상 계발되지 않는다.

선을 정으로 계발시키고 닦아서
5신통을 얻은 후 법의 눈을 얻든지,●
지혜를 더 강하게 닦아서
5신통 없이 제4선에서 바로
법의 눈을 얻든지●●는

●
양면해탈을 말한다.

●●
지혜해탈을 말한다.

정(定)의 유무에 의해 결정된다.

욕계·색계·무색계의 삼계를
오온으로 설명해 본다면,
십악 가운데
신(身)·구(口)·의(意) 칠악을 제거하면
욕계의 색(色)*을 다스린 것이 되고,
초선에서 제4선까지 성취하면
수(受)**를 다스린 것이 된다.
제4선에서는
사랑과 미움, 괴로움과 즐거움 등
수(受)의 번뇌를 적극적으로 다스려서
평온의 상태가 된다.

그리고 정(定)의 경지인
공무변처·식무변처·무소유처는

●
신체적 행위를 말한다.

●●
감성적인 것을 말한다

생각이 바탕이므로,
이 상태에서는 상(想)*을 다스리게 된다.

공간을 마음대로 오가기 때문에
공무변처(신족통·천이통)이고,
생각이 움직이는 대로
타인의 마음을 알 수 있으므로
식무변처(타심통)이고,
공간과 의식, 자신과 타인의 생각을
다 초월하고 놓아 버리므로 무소유처라 한다.

이 상태에서는
마음에 어떤 붙잡음[取]도 없고
걸릴 것[結]도 없기 때문에
과거와 미래를 마음대로 오가며
인과를 있는 그대로 볼 수 있다(숙명통·천안통).

이와 같이 생각과 의식을 제어함으로써

●
이지적인 것을 말한다

어느 정도의 적멸을 경험할 수 있다.

그러나 잠재의식 속에 깊이 남아 있는
마음속 무기(無記), 즉 무덤덤한 느낌의
인상(印象)들은
생각도 아니고, 생각이 아닌 것도 아니므로●
보기도 어렵고 다스리기도 어렵다.

그렇기 때문에
잠재의식에 잠자고 있던,
인간이 경험한 모든 느낌과 개념,
즉 괴로움·즐거움·무덤덤함이라는
세 가지가 씻기면
생각과 느낌이 완전히 멈추게 되고,
생각과 느낌이 멈추면
모든 수·상·행·식이 사라지게 되는
적멸의 상태인
상수멸정(想受滅定)에 들어가게 된다.

●
비상비비상처(非想非非想處)를 말하며, 이것은 행(行)의 영역이다.

이와 같은
상수멸정의 상태에서
색계·무색계의 그 무엇에도
미련이 남아 있지 않으면
그를 해탈한 자*라 한다.

숙업에 의한
여러 인연이 아직 남아 있으면
그를 천상에 가서 해탈할 자** 라고 하는데,
그 이유는
색계 천상의 정거천에서 남은 숙업을 정화한 후에
해탈하기 때문이다.

선정에는 또한
집중선정과 팔정도를 통한 중도선정이 있다.

●
아라한을 말한다.

●●
아나함을 말한다.

팔정도를 통한 중도선정은
마음 안에 기억된 감성적 요소인
여러 가지 탐욕과 스트레스, 한과 상처들이
씻겨 나간 상태에서 생겨난 선정이다.

계를 지켰다고
선정이 저절로 생기는 것은 아니다.
행위의 분별을 통해
악행을 저지르지 않고,
일념에 집중하며,
잠재적 감성의 번뇌를 정화하는 등
이 세 가지
정신적인 상태가 뒤따라야 한다.

여기서 한 가지 짚고 넘어가야 할 점이 있다.

마음의 성냄·탐착 등을
먼저 다스리지 않고
대상에 단순히 집중하는 것을
집중삼매라고 하는데,
이것은 힌두교나 도가의 선정 수행이

불교에 도입된 것으로 볼 수 있다.

부처님은
마음의 정화에서 오는 선정을,
도가나 요가는
기(氣)의 정화에서 오는 선정을 중요시한다.

10

위빠사나
지혜

1. 깨달음과 마장을 구별하는 지혜

호흡을 마음 챙겨 알아차리면
배에 바람이 들어가고 나가는 것을 느끼게 된다.

바람이 가득 찼을 때는 배가 단단해지고,
바람이 빠졌을 때는 배가 부드러워진다.

마치 자전거 타이어가
공기가 가득 차면 단단해지고
공기가 빠지면 부드러워지는 것과 같은 이치다.
이는
물질의 지대(地大)를 관하는 것이다[色].

다시 호흡을 주시하면
배에 바람이 은은하게 들어가고
은은하게 나가는 것을 느끼게 된다.
이는
움직임을 통해

148

149

물질의 풍대(風大)를 느끼는 것이다[受].

들이쉰 호흡에 의해 배가 불러오면
'[배가] 불러옴',
배가 꺼지면
'[배가] 꺼짐'이라고 이름을 붙이며 알아차리면[想]
잡념을 다스릴 수 있게 되고,

주시의 앎[識]이 뒤따르면
배가 따뜻해지는 화대(火大)를 느끼게 된다.

정진이 끊어짐 없이 이어지면
온몸이 희열에 젖어 있는
촉촉함의 수대(水大)를 느끼게 된다.

이러한 상태에서
호흡의 들고남에 대한 관찰이 깊어지면
의식이 편안하게 가라앉아
미세한 것까지도 알아차리게 되고,
미세함 속에서
'행위의 원인'인 의도[行]를 볼 수 있게 된다.

이와 같이
오온이 호흡에 온 마음으로 집중되어 있으면
호흡을 들이키는 의도와 들이킴,
내쉬려는 의도와 내쉼이
한꺼번에 일어나고
한꺼번에 사라지는 것을 보게 된다.

이를 정신적 의도와
육체적 움직임을
또렷이 구별하는 앎[名色區別知]*이라 한다.

이는 몸의 움직임과 그 의도에 대한
관찰을 통해 얻어지는 지혜이며,
위빠사나 수행을
통해 얻게 되는 지혜의 첫 단계이다.

수행자가 거기에 만족하지 않고
호흡의 움직임과 그 의도에

●
nāmarūpa pariccheda ñāṇa

마음을 더욱더 기울여 관찰하면
이 둘 사이에
연기적 인과 관계가 있음을 알게 된다.

'숨을 들이쉬려는 의도'에 의해
'숨을 들이쉼'의 행위가 있고,
'숨을 내쉬려는 의도'에 의해
'내쉼'의 행위가 있다.

이를
정신과 육체 작용의 연기를 아는 지혜[緣把握知]*라 하고,
이때 호흡과 의도가
거듭거듭 끊임없이 일어나고 사라지는 것을
보게 된다.

그리고 이 호흡의 과정 속에서
지(地)·수(水)·화(火)·풍(風)이라는 사대(四大)의
끊임없는 생멸을 봄으로써

●

paccayapariggaha ñāṇa

무상함을 느끼고,
거기에는
'나'도 없고 '나의 것'도 없음을 보아 알게 된다.

또한 알아차림이 확장되면
호흡을 일으키는 의도[行]와
그것을 지켜보는 앎[識]과
호흡에 대한 이름 붙임, 즉 개념[想],
호흡의 과정에서 경험되어지는 느낌[受]
그 어디에도
'나'라거나
'나의 것'이라고 할 만한 것이 없음을 알게 된다.

이를 의도와 육체적 현상들의
무상·고·무아에
숙달한 지혜[熟達知]•라 한다.

산을 넘으려면 고개를 넘어야 하고,

●
sammasana ñāṇa

고개를 넘다 보면
도적 떼도 만날 수 있다.

이 도적들은
잠재의식 안에 잠자고 있던 번뇌이고,
업의 드러남이다.

오온의 무상·고·무아를 관찰할 수 있게 되면
도에 가까워졌다는 자신감이 생기고,
무아를 완전히 터득하지 않은 이에게
이런 직접적인 경험은
자아에 대한 집착을
더욱 강하게 하는 원인이 되기도 한다.

수행자에게 이와 같은 일이 생겼을 때
초보자는 그 현상을 자랑하고 집착하게 된다.

이들은 이 수행의 정점이
무아에 도달하는 것이라는 사실을
잊어버리는 것이다.

그것은 수행을 처음 시작할 때의
불순한 동기에서 연유하기도 한다.

이러한 직접적인 경험들을
위빠사나에서 파생된 번뇌[觀隨染]•라 하고,
이 관수염은 다음과 같은
열 가지 현상에 대한 집착으로 드러난다.

① 마음이 집중된 상태에서
　알아차림이 지속되면
　빛[光明]이 보인다.

② 어느 순간
　경전이나 교리에 대한
　이해력[智]이 증장된다.

③, ④, ⑤ 몸의 희열[喜],
　편안함[輕安]

•
vipassanā upakkilesā

또는 즐거움[樂]을 경험한다.

⑥, ⑦ 깊은 신심[勝解]이 일어나
정진[努力]이 저절로 되기도 한다.

⑧, ⑨ 흔들림 없는 마음챙김[現起]으로
평정한 상태[捨]를 경험하기도 한다.

⑩ 이러한 모든 현상의 하나
혹은 여럿에 대한
집착과 욕망[欲求]이 일어나면
그것이 마장이 된다.

그러나 이와 같은 경험들에
집착하지 않고
수행 과정의 현상일 뿐이라고 알면
도(道)와 마(魔)를 구별하는
지혜[道非道智見淸淨]*를 갖추게 된다.

●
maggāmagga ñāṇa dassana visuddhi

2. 법의 눈

수행이란
남에게 보여 주거나
자랑하기 위한 것이 아니다.
구호를 외치거나
명예를 얻기 위한 것도 아니다.

다만 **잠재되어 있는 번뇌를 정화하여**
마음의 평안과 행복을 얻고,
'오온에 나 없음'을 증득하여
해탈을 얻기 위해서이다.

수행 도중에 발생하는 모든 현상에 대해
집착하거나 자랑하지 않고
알아차림을 확립하면,
몸의 움직임과 의도,
마음과 법의 생멸에 대한 앎이 명료해진다.

이때
내쉬는 호흡이 길어지고 미세해지면서
생겨난 모든 것은 소멸하고야 만다는
소멸에 대한 앎*이 깊어지고,

소멸에 대한 관찰이 더욱 명료해지면
생성된 모든 것은 점점 더 빠르게 소멸하여
결국에는 모두 사라진다는 두려움이
마음에 일어나는 것을 보게 된다.**

살면서 경험하고 의지했던 모든 대상이
소멸의 위험에 처해 있다는 것을 보게 되면
현상계의 모든 법으로부터 벗어나고자 하는
염리(厭離)의 마음이 생겨나고,***

●
bhaṅga ñāṇa

●●
bhayatu-paṭṭhāna ñāṇa

●●●
nibbhed-ānupassanā ñāṇa

이 무상한 것들로 이루어진
윤회에서
벗어나고자 하는 욕구가 일어난다.*

이때 모든 존재에 대한
집착이 순간적으로 사라지며
여기서 오는 마음의 평정함을 경험하게 된다.**

마음속 욕망이 사라졌을 때
호흡은 더욱 미세해져서
숨을 들이쉬는 것도
들이쉬지 않는 것도 아닌 상태가 된다.

* muccitukamyatā ñāṇa

** saṅkhāra upekkhā ñāṇa

3. 사성제에 대한 법의 눈

고(苦)·락(樂)·희(喜)·우(憂)에 치우치지 않는
평정함을 성취하여
호흡이 정지되면
마음이 더 이상 흔들리지 않아
있는 그대로의 법을 보게 된다.

호흡이 움직이면
마치 흙탕물이 든 물통이 흔들리는 것과 같아서
밑바닥이 보이지 않지만,
호흡이 정지되면
흙탕물이 흔들리지 않아서
맑은 물 아래 밑바닥이 보이는 것처럼
윤회의 존재를 있는 그대로 보게 되는 것이다.

이때
윤회하는 존재의 무엇을 보는가?
태어남·늙음·병듦·죽음의 괴로움,

슬픔·비애·고통·근심·고뇌 등의 괴로움을
있는 그대로 본다.

중생들이
사랑 혹은
미움 때문에 괴로워하는 것을 본다.

태어나고 늙고 병들고 죽어 가고
번민하는 중생들이
다시는 늙지 않고 병들지 않고
죽지 않고 번민하지 않기를 소망하지만
원하는 대로 되지 않아서 괴로워하는 것을 본다.

색·수·상·행·식,
즉 오취온(五取蘊)이 괴로움이라는 것을
있는 그대로 보고,
이것이 괴로움의 성스러운 진리라는 것을
꿰뚫어 안다.

윤회하게 하고,
다시 태어나게 하고,

기쁨과 욕망을 추구하게 하는
이 모든 고통의 근본 원인은
갈애이다.
갈애는
'여기저기에서 항상 쾌락을 찾고', •
'삶에 대한 맹목적 의지를 일으키고', ••
'자신이 지은 악업의 과보에서
도망치려고 한다'. •••

이와 같은 고통의 근본 원인인
갈애를 다스리려면
갈애가 생겨나는 곳과 머무는 곳을 알아야 한다.

도적 떼의 소굴을 알아야

•
욕애(欲愛)를 말한다.

••
유애(有愛)를 말한다.

•••
비유애(非有愛)를 말한다.

도적을 잡을 수 있듯이
괴로움이 일어난 그 자리를 알아야
괴로움을 소멸시킬 수 있기 때문이다.

갈애는
기쁘거나 즐거운 마음이 있는 곳에서
일어나고 머문다.

육근,●
육촉, 여섯 가지 의식,
육근의 접촉에 의한 여섯 가지 느낌,
육근의 접촉에 의한 개념,
육근의 접촉에 의해 발생한 의도,
여섯 가지 경계●●에 대한 갈망,
육경에 대한 생각,
육경에 대한 고찰 등에

●
눈·귀·코·혀·몸·마음이다.

●●
형상·소리·냄새·맛·감촉·현상이다.

기쁘거나 즐거운 마음이 있으면
여기에서 갈애가 일어나고 머문다.

이와 같이
'괴로움의 일어남이라는
성스러운 진리'를 있는 그대로 본다.●

이 모든 고통의 원인인
'갈애'에 대한 집착을 버린 평정 속에서
괴로움과 괴로움의 원인을 보아 욕망이 해체되면
마음이 해탈한 상태를 경험하게 되는데
이것을 성인의 앎●●이라 한다.

이때 발생한 존재는
'괴로움',
몸의 감각[受]과 마음의 생각[法]에 대한 집착은

●
자세한 내용은 『대념처경』의 법념처 참조.

●●
gotrabhū ñāṇa

'괴로움의 일어남',
오온의 무아를 보는 것은
'괴로움의 소멸',
지성·감정·의지를 정화시키는 팔정도는
'괴로움의 소멸로 이끄는 길'
이라고 또렷하게 경험하고 알게 된다.

이를 위빠사나 지혜라 하고
'앎과 봄의 청정[智見淸淨]'＊이라 한다.

＊
ñāṇadassana visuddhi

11

십이연기

태어남[生]은 괴로움이다.

태어남이 있기 때문에
늙고 병들고 죽어야 하는 괴로움이 생겨난다.

한국인이라면
한국에 태어났기 때문에
일본과의 갈등, 남북 분단의 괴로움,
중국발 미세 먼지의 괴로움,
강대국 사이에서의 괴로움 등을 겪어야 한다.

그렇다면
한국에 태어난 것은
나의 선택인가, 신의 뜻인가,
아니면 우연인가?

연기의 법칙에 의하면
그것은 우연도 아니고 신의 뜻도 아니다.
그것은 오직
한국에 태어나고 싶은 나의 욕구와
업의 선택에 기인한다.

한국에 태어나고 싶은 욕구는
한국이 있는 지구라는 세계가 있기 때문이고,
여러 행성 중 이 지구에,
그중에서도
특별히 한국에 태어나게 된 것은
네 가지 종류의
집착[取]이
이곳을 가장 선호했기 때문이다.

무엇이 **네 가지 집착**인가?

① 감각 기관인 몸을 편하게 하고,
　　좋고 아름다운 것을
　　소유하려는 집착[欲取]이다.

② 스스로 모아 놓은 견해와
　　지식을 지키려고 하는 집착[見取]이다.

③ 잘못된 자아에 대한 집착으로
　　자아가 존중받기 원하는 집착[我取]이다.

④ 계율 또는 의식만으로도
　 해탈할 수 있다는 잘못된 집착[戒禁取]이다.

이 네 가지 취착 중
오욕락을 취하고 싶은 욕구는
좋았던 느낌을
다시 경험하고 싶은 갈망[渴愛]
에 의해 형성된다.

그러면 이 갈망들은 어디에서 오는가?

그것들은 살면서
기억 속에 축적되어 온
좋거나 싫은 느낌[受]들로부터 온다.

이 느낌들은
육근이
감각 기관의 대상, 즉 육경과
접촉함[觸]에 의해 생겨나고,

감각 접촉은

여섯 가지 감각 기관[六入]

이 있기 때문에 생겨난다.

그리고

이러한 여섯 가지 감각 기관이 형성되는 이유는

지(地) · 수(水) · 화(火) · 풍(風)의

사대(四大)로 이루어진

부모의 정혈[色]이라는 연(緣)과

한 생명이 일생 동안

경험하여 기억한 정보[名]*라는

인(因), 이 두 가지가 결합하기 때문이다.

또한

이 두 가지, 즉 명(名)과 색(色)이 생겨나는 이유는

죽는 순간에 일어나는

최후의 식(識)이

부모의 화합을 보고

좋아하는 마음을 내기 때문이다.

●
식 · 수 · 상 · 행을 말한다.

그리고 이 최후의 식은
신체적인 활동, 언어적인 행위,
의도적 생각들을 통해
발생한 마음에 모인 정보들이다.

다시 말해
행위들을 통해
경험지라는 앎이 생기고,
그 축적된 정보들이
부모의 정혈과 만났을 때
그 유전자 정보들에 걸맞는 감각 기관들을
생겨나게 하는 것이다.

그렇게 생겨난 감각 기관들이
욕망이라는 업에 의지해서
생겨난 세상을 경험하면
좋아하고 싫어하는 느낌들이 생겨나고,

그 느낌들에 의지해서
그 느낌들을 열망하는 취착심이 생겨난다.

그리고 식들의 모임은
지식과 견해들에 대한 집착으로,
행위들의 모임은
자아에 대한 집착으로 발달한다.

이 취착심의 모임 중에
강한 것들(우성)과
약한 것들(열성)이 있는데,
강한 것들이
금생에
내가 태어날 곳[有]을 결정하는 것이다.

그리고 이때부터 끝없는 고통과
숨 가쁜 업의 과보로 가득 찬
괴로움의 삶, 생(生)이 시작되는 것이다.

이것은 마치
교도소에 대한 낭만적 호기심이 있는
한 수행자가
일부러 빵을 하나 훔쳐서 감옥살이를 했다가
헤어날 수 없는 고통에 빠지게 되는 것과 같다.

이 최초의 잘못된 호기심이
바로 삼계(三界) 윤회의 원인이다.

그렇다면
그 호기심의 이유는 무엇인가?

오해[無明], 즉 어리석음 때문이다.

이 세상에
즐길 만한 것, 행복한 것이 있다는 오해,
이 세상에 추구해 볼 만한
아름다운 대상이 있다는 오해,
영원한 것이 있다는 오해,
나라는 것이 있다는 오해,

이 네 가지 오해가
호기심을 불러일으키고 행위를 만든다.

실제로 이것들을 추구하는 것은
괴로움이고
괴로움의 원인인데, 이러한 사실을 모르는

무지에서 행위가 발생하는 것이다.

그것은 마치
나병에 걸린 환자가
환부를 칼로 긁어야
시원함을 느끼게 되는 것과 비슷한 이치이다.

사마타(samatha) 수행을 통해
마음의 동요가 가라앉으면
탐(貪)·진(瞋)이 고요한 상태를 이루고,
위빠사나(vipassanā)를 통해
알아차림이 궁극에 이르면
모든 법이
잡아당기고 밀쳐 내는
에너지에 의해 생멸함을 보게 된다.

생멸하니 무상(無常)하고,
이 무상한 것들에 집착하면
괴로움이고,
무상한 것들은 오직
조건과 인연에 의해서만 존재함을 알게 된다.

이러한 것을 무상이라고 알고
무상을 보고 나면 더 이상 마음에 표상이 없다.
표상을 만드는 번뇌가
더 이상 존재하지 않기 때문이다.

이를 무상해탈(無相解脫)이라 한다.

괴로움을 알고,
괴로움을 보고 나면
마음에 더 이상 원하는 것이 없다.

원함을 만드는 번뇌가
더 이상 존재하지 않기 때문이다.

이를 무원해탈(無願解脫)이라 한다.

무아(無我)라고 알고
무아라고 보고 난 후의 마음은 공(空)하다.
공과 반대되는 번뇌들이
더 이상 존재하지 않기 때문이다.

이를 공해탈(空解脫)이라 한다.

이와 같이
무상하고 고이고 무아인 법의 특성을
여실지견(如實知見)하는 지혜를 얻게 되면,
법에 대한 오해와 환상이 사라져서
아무것도 집착할 것이 없음을 알게 된다.

이 세상에
아름다운 것도, 즐거운 것도,
영원한 것도, 나의 것이라는 것도
없음을 알게 되어
열병에서 벗어난 것처럼
모든 행위[行]들에 대한 열망이 사라지게 된다.

행위에 대한 열망이 사라지게 되면,
살면서 전혀 경험하지 못했던
지고의 평안과 행복에 잠긴다.

'행위 없음'만으로도
끝없는 행복감에 잠기는 것이다.

이를 열반의 체험이라 한다.

잡아당김, 밀쳐 냄과
함께하는 말·몸·마음의 행위가
각각 초선·제4선·멸진정에서 멈춰졌기 때문에
그것들의 결과인
식(識)에 집착하지 않게 되고,
식에 집착하지 않으므로
더 이상 부모의 정혈과 식이 만나서
식의 활성화를 꾀하지 않게 되고
[정신·물질(名色)의 해체],

명색이 해체되었기 때문에
여섯 감각 장소[六入]가 다시 생성되지 않고,
여섯 감각 장소가 생성되지 않기 때문에
다시 감각 접촉[觸]을 일으키지 않고,

감각 접촉을 바라지 않기 때문에
느낌[受]이 발생하지 않고,
느낌이 발생하지 않기 때문에
갈애[愛]가 없고,

갈애가 없기 때문에 취착[取]이 소멸되고,
취착이 소멸되었기 때문에
존재[有]에 대한 갈망이 소멸되고,
존재에 대한 갈망이 소멸되었기 때문에
더 이상 태어남[生]을 바라지 않고,

더 이상 태어남을 바라지 않기 때문에
다가올 늙음[老], 죽음[死],
근심[憂], 탄식[悲], 고통[苦], 절망[惱] 등이
없게 되는 것이다.

이와 같이
과거·현재·미래의
모든 괴로움의 무더기[苦蘊]가 소멸된다.

이것을 해탈이라 하며,
이것이 번뇌의 소멸이다.

이처럼 연기의 역관(逆觀)으로
윤회를 벗어나
아라한과를 성취하게 된다.

이와 관련해
『법구경』에 다음과 같은 게송이 있다.

"집을 짓는 자여,
마침내 너를 보았노라.
너는 이제 다시는 집을 짓지 못하리라.
모든 서까래(번뇌)는 부서졌고
대들보(무명)는 산산조각 났도다.

나의 마음은
열반에 이르렀고
모든 갈애는 사라졌도다."

이와 같이 삼매와 지혜를 통해
탐(貪)·진(瞋)·치(癡)를 멈추게 되면
이와 함께하지 않는 삶을 살게 되는데,
이를 아라한의 삶이라 한다.

오온(五蘊)을 늘 알아차리고,
오온 안팎 어디에도
자아가 없다는 것을 확신하여

오온에 대한 집착을 대부분 버린 이는
수다원(須陀洹)이라 한다.

오온에 대한 집착을 놓으면서
욕계의 대상에 대한
거친 집착과 성냄을 놓아 버린 이는
사다함(斯陀含)이라 한다.
욕계의 대상에 대한
집착과 성냄을 완전히 놓아 버린 자,
잠재의식에 욕계에 대한
그 어떠한 미련이나 한이
모두 사라진 이는
아나함(阿那含)이라 한다.

아나함은
다시는 욕계에 돌아오지 않고
색계 천상(정거천)에서 해탈한다.

색계와 무색계에 대한 집착마저도
완전히 사라져서
다시 돌아가고 싶은 곳도 없고,

집착함이 전혀 없는 이는
아라한(阿羅漢)이라 한다.
무집착의 상태에서
업의 환영으로 인해
괴로움에 빠져 있는 중생들에 대해
연민심을 일으키는 이는
보살(菩薩)이라 한다.

12

분별설부와
설일체유부의
이상향

일반적으로
생의 목표는
삶의 의미를 결정짓는다.

불교에서는 이러한 생의 목표를 크게
아라한, 보살,
선종에서의 깨달음
등으로 나눌 수 있다.

이 중 아라한이 생의 목표인 사람에게는
일상의 지식이 큰 의미가 없다.

아라한이 되는 데
별 도움이 되지 않기 때문이다.

하지만
보살이 되고자 하는 사람에게는
일상의 지식이 큰 의미가 있다.

그 지식들은 모두
중생을 도와주고 교화하는 데

필요하기 때문이다.

이처럼 인생의 목표에 따라서
삶의 의미와 내용이 달라진다.

분별설부와
설일체유부의 최고 이상향은 아라한이다.

아라한은
윤회의 족쇄를 모두 끊어 버린 이들이다.

어떠한 족쇄인가?

분별설부에서는
열 가지 족쇄를,
설일체유부에서는 98개의 족쇄를 말한다.

물론 이 두 부류에는
공통점도 있고 차이점도 있다.
다만 설일체유부는
법수를 좀 더 상세하게 설명하고 있다.

열 가지 족쇄 중
앞의 세 가지,
곧 유신견(有身見),
계금취견(戒禁取見),
의심(疑心) 등의 족쇄를 끊으면
'해탈의 흐름에 든 자', 즉 수다원이라고 한다.

그중 의심은
불(佛)·법(法)·승(僧) 삼보(三寶)와
인과(因果)에 대한 의심이다.

부처님은 법을 깨달으신 분이고,
법은 곧 무아(無我)와 연기법(緣起法)이다.
연기법은
이 세상의 행복과 불행의 원인에 대한 것이다.

업은 원인이고
행복과 불행은 결과이다.

현재는 과거의 업에 의해,
미래는 현재 짓는 행위에 의해 결정된다.

그렇기에
인과에 의해 발생한 모든 현상은
스스로의 특성[自性]이 없고
단지 인연에 의해 형성되는 것이다.
이를 무아(無我)라 한다.

이와 같은 고귀한 법인 부처님의 가르침을
계속 유지·발전시키는 이들이
바로 승가(僧伽)이다.

이처럼 무아와
연기로 이뤄진 세계와 중생을 바로 알고
집착을 끊어 낸 부처님과
법, 그 뒤를 따르는 승가,
이 삼보를 믿고 신뢰하는 것은
불교 신행의 첫걸음이다.

이 시작점에서 잘못된 흐름으로 인도하는 것이
바로 계와 금기에 대한 오해[戒禁取見]다.

본래 금계(禁戒)는 자이나교의 수행이다.

재가자는 작은 금계,
출가자는 큰 금계의 서원을 세우고 수행을 한다.

금계의 내용은 각각 다섯 가지인데,
"평생 여자에게서 물건을 받지 않는다",
"일생 동안 5리 밖을 나가지 않는다"
라는 등의 서원이다.

자이나교도들은 이 같은
고행의 서원을 지킴으로써
해탈할 수 있다고 믿었다.

이를 불교적으로 재해석한다면
신(身)·구(口)·의(意)
삼업(三業)을 정화하지 않아도
다른 방법*만으로 해탈할 수 있다는
그릇된 믿음에 해당된다.

●
예를 들면 계·진언·염불·사마타·위빠사나·화두 등이다.

하지만 진정한 불자라면
어떤 수행을 하더라도
신·구·의 삼업을
팔정도를 통해 정화해야만 한다.
이것만이 진정한 깨달음의 길이라고 할 수 있다.

이 세 개의 족쇄 중에서
가장 중요한 것은 유신견(有身見)이다.

이것은 오온(五蘊)을 '참나'라고 믿는 견해이다.
몸은 명신(名身)과 색신(色身)으로 이루어지는데,
오온은 이 둘을 합한 것이다.

또는 몸 안에
영혼이 존재한다고 믿는 견해이다.

이 두 가지 해석 모두
'오온이 참나'라고 믿는 견해에 해당한다.

그러나 오온은 생멸하는 것이기 때문에
그 어디에도 나라고 할 만한 것이 없고,

이것을 아는 것이
바로 오온무아(五蘊無我)를 증득하는 것이다.

이를 견도(見道) 또는 수다원이라 한다.

나머지 일곱 가지의 족쇄는
감각적 욕망, 악의,
색계·무색계에 대한 집착, 아만, 들뜸, 무명이다.

이 일곱 가지 족쇄는
아라한도에 이르러 끊어지고,
이 수행을 수도(修道)라 한다.

이와 같이 세 가지 족쇄는
견혹(見惑) 또는 보아서 버려지는 법들이고,
나머지 일곱 가지 족쇄는
수혹(修惑) 또는 닦아야 버려지는 법들이다.

그러므로
견혹은 견도에 의해,
수혹은 수도에 의해 소멸되고,

더 이상 닦을 것이 없는 아라한은
무학(無學)이라 한다.

그리고 사성제(四聖諦)를 이해한 것을
진리의 앎[•]이라 하고,

사성제의 수행을 실천의 앎^{••}이라 한다.

나아가 사성제가 성취된 것,
즉 열반이 실현된 것은
실천되어진 앎^{•••}이라 하는데,

견도·수도·무학도는 이들의 다른 이름이다.

●
sacca-ñāṇa

●●
kicca-ñāṇa

●●●
kata-ñāṇa

다시 말하면
부처님이 『초전법륜경』에서 설하신
사성제의 이해를 견도,
사성제의 수행을 수도,
사성제의 완성을 무학이라고 한다.

13

삼십칠조도품

한국불교의 깨달음에 해당하는
가장 근접한 단어를
초기불교에서 찾아보면
견도(見道)나 무학위(無學位)보다는
'bodhi pakkhiyā(覺 + 요소, 分)'에 가깝다.

'bodhi pakkhiyā'의 뜻은
'깨달음의 요소'이고,
삼십칠조도품(三十七助道品)이
바로 깨달음을 도와주는 서른일곱 가지 요소이다.

즉,
사념처(四念處), **사정근**(四正勤),
사여의족(四如意足),
오근(五根), **오력**(五力),
칠각지(七覺支), **팔정도**(八正道)의
일곱 가지 종류이다.
이것을
삼십칠보리분법(三十七菩提分法)이라고도 하는데,

이러한 수행 방법을 통해

깨달음을 성취할 수 있기 때문이다.

삼십칠조도품은
모두 팔정도 안에 포함될 수 있다.

사정근은
정정진(正精進)의 다른 이름이고,
사념처는
정념(正念)을 수행하는 **구체적인 방법론**이다.

칠각지는
사념처를 수행하여 깨달음을 얻는
일곱 가지 단계이고,
사여의족은
정정(正定)을 성취하는 방법론이다.

이와 같이 본다면
오근과 오력을 제외하고는
모두 팔정도에 포함될 수 있다.

오근과 **오력**은

팔정도 수행을 바르게 잘 하는지,
모자라거나
지나침은 없는지 관찰하는 수단이다.

이를테면
오근은
믿음·노력·정념·삼매·지혜의 다섯 가지이다.

여기서 믿음이 지나치면
지혜가 부족해서 맹신에 떨어지기 쉽고,
지혜가 지나치면 믿음이 부족하기 쉽다.

또한 노력이 지나치면 들뜸이 오기 쉽고,
삼매가 지나치면 게으르기 쉽다.

따라서
정념의 기능 중 하나는
이들을 알아차려 균형을 유지하는 것이다.

오력은
오근의 반대되는 것을 다스리는 능력이다.

믿음으로 불신을 다스리고,
노력으로 게으름을 다스리고,
정념으로 부주의함을 다스리고,
삼매로 들뜸을 다스리고,
지혜로 어리석음을 다스린다.

그래서
다섯 가지 힘이라 한 것이다.

또한 오근은 중생의 근기로,

신심형과 지혜형,
노력형과 무심형,
그리고
좀처럼 삶에 감정 이입이 안 되는
알아차림형 등
다섯 가지가 있다.

이 다섯 가지 근기를 다 아는 것은
오직 부처님만이 가진 능력이다.

오근 중 첫째는
삼보(三寶)에 대한 신심과 신뢰이다.

불교 수행의 시작은
불(佛)·법(法)·승(僧) 삼보에 대한
신뢰에서 출발하기 때문이다.

부처님과 가르침,
그 가르침을 수행하는 교단,
이러한 삼보에 대한 신뢰가 없다면
불자로서의 생활이 순탄치 않을 것이다.

삼보에 대한 의심은
수다원을 성취하는 데 있어서도
결정적인 장애가 된다.

그러므로
삼보에 대한 신심은
수행의 근간으로
다른 무엇보다 중요하다.

이러한 관점에서
부처님은 어떤 분인지 살펴보고자 한다.

우선 부처님에게는
성문 제자들이 갖추지 못한
다음의 여섯 가지 지혜가 있다.

① 중생들의 다섯 가지 근기[●]
를 아는 신통지
② 중생들의 잠재적 번뇌를 아는 신통지
③ 물과 불을 동시에 일으킬 수 있는 신통지^{●●}
④ 삼계의 온 중생에게 일으키는
대연민심의 신통지
⑤ 일체를 아는 신통지
⑥ 걸림없는 신통지^{●●●}

●
신(信)·정진(精進)·염(念)·정(定)·혜(慧) 등의 오근(五根)을 말한다.

●●
쌍신변지(雙神變智)를 말한다.

●●●
무장애지(無障礙智)를 말한다.

또한 부처님은
성문 제자들에게서는 찾아볼 수 없는
다음의 열 가지 덕을 갖추고 있다.

① 아라한(arahant)이시다.
   번뇌들을 멀리 여의어 버렸기 때문에(ārakā),
   탐욕 등으로 불리는 모든 적(ari)들을
   지혜의 칼로 모두 없애 버렸기 때문에,
   윤회의 바퀴(ara)를 부수었기 때문에 아라한이시다.
   필수품과 존중을
   수용할 만하기 때문에 아라한[應供]이시고,
   악업에 대해
   비밀이 없기 때문에 아라한이시다.

② 고통과 고통의 발생처,
   소멸과 소멸의 방법을
   완전히 깨달으신 분[正等覺者]이시다.

③ 세 가지 지혜[三明]와
   열다섯 가지 실천을 갖춘 분[明行足]이시다.

④ [열반에] 잘 도달하신 분[善逝]이시다.

⑤ 중생계, 세계, 유위의 세계라는
　 세 가지 세간을
　 아는 분[世間解]이시다.

⑥ [계·정·혜·해탈·해탈지견의 덕이]
　 위없는 스승[無上士]이시다.

⑦ [인간·천인·축생들을 해탈의 길로]
　 잘 길들이는 분[調御丈夫]이시다.

⑧ 범천을 비롯한
　 모든 위대한
　 천신들과 인간의 스승[天人師]이시다.

⑨ 알아야 할 모든 것을 깨달으신 분[佛]이시다.

⑩ 세상에서 가장 존귀한 분[世尊]이시다.

14

바르게
깨달으신 분

깨달음의 성취는
몇 가지 형식으로 표현된다.
그중 가장 자주 표현되는 것은
다음과 같다.

완전히 알아야 할 것을 완전히 알았고,
닦아야 할 것을 닦았으며,
버려야 할 것을 버렸기 때문에

바라문이여,
나는 깨달은 자다.

다시 태어남은 파괴되었고,
범행의 삶을 살았고,
해야 할 일을 마쳤고,
이후의 삶은 더 이상 없다.

제자가 깨달음을 성취했다고 선언할 때
부처님께서는
그 제자의 선언을
맹목적으로 받아들이지 않으신다.

그 제자의 선언이
진짜인지 증명하기 위해
그에게 여러 가지 점검을 하신 후에야
받아들이신다.

이와 같이 합리적이고
체계적으로 점검할 수 있는 능력은
부처님께서
"알아야 할 것은 모두 알고,
닦아야 할 것은 모두 닦았으며,
버려야 할 것은 다 버렸기 때문"
에 가능한 것이다.

그렇다면
진짜 깨달음인지 아닌지 증명하기 위해
부처님께서 점검하시는 것은 무엇인가?

첫째,
네 가지 일상적 경험에 관한 것이다.

진짜 아라한은

보거나, 듣거나, 느끼거나, 알거나 하는 것에
집착하지 않아
대상에 대한 편견 때문에 분별력을 잃지 않으며,
항상 열린 마음으로 머문다.
따라서 그의 마음은
네 가지 일상적 경험에서 아주 자유롭다.

그러므로
"눈, 귀, 코, 혀, 몸과 마음은
괴로움[苦諦]이고,
그것을 원인으로 하여 발생한
과거의 기억에 대한 갈애는
고의 원인[集諦]이며,
이 둘이 사라진 것이 해탈[滅諦]이고,
해탈을 향하는 도닦음이 도[道諦]이다"
라고
바르게 아는지를 점검하신다.

둘째,
오취온(五取蘊)에 관한 것이다.

아라한은

오온이 서로 의존해서 생겨나는 것을 이해하고,
오온에 대한 집착에서 멀리 떠나 있으며,
오온에 대한 집착으로 인해 일어나는
모든 잠재적 성향이 사라지고 없다.

부처님께서는 이를 확인하신다.

셋째,
색(色) · **성**(聲) · **향**(香) · **미**(味) · **촉**(觸) · **법**(法)의
여섯 요소에 관한 것이다.

진짜 아라한은
이들 요소에 대해
'나' 또는 '나의 것'이라는 생각이 없고,
그에 대한 집착을 통해 발생하는
여러 견해가 완전히 사라지고 없다.

그러므로 부처님께서는
"형상 등 여섯 가지 [밖의] 감각 장소는
괴로움이고,

그것을 원인으로 하여 발생하는
과거의 기억에 대한 갈애는
고의 원인이며,
이 둘이 사라진 것이 해탈이고,
해탈을 향하는 도닦음이 도이다"
에 대한
바른 앎을 확인하신다.

넷째,
감각의 육근인 내입처(內入處)**와**
육경인 외입처(外入處)**에 관한 것이다.**

진짜 아라한의 마음은
이 감각 영역에서 생기는 의식과
이 의식이라는 매체를 통해 알려진
여러 가지 욕망에서 자유롭다.

따라서 부처님께서는
"눈의 의식[眼識] 등 여섯 가지 의식,
눈의 감각 접촉[觸] 등 여섯 가지 감각 접촉,
눈의 감각 접촉 등에서 생긴 여섯 가지 느낌[受],

형상의 인식[想] 등 여섯 가지 인식,
형상에 대한 의도[意思] 등 여섯 가지 의도,
형상에 대한 갈애[愛] 등 여섯 가지 갈애,
형상에 대해 일으킨 생각[尋] 등
여섯 가지 일으킨 생각,
형상에 대한 지속적인 고찰[伺] 등
여섯 가지 일으킨 생각에서 자유롭다"
에 대한
바른 앎을 확인하신다.

다섯째,
해탈(解脫)과 **해탈지견**(解脫知見)에 관련된 것이다.

아라한은
해탈과 해탈지견을 통해
나와 나의 것이라는
모든 잠재적 오해와 무명을 완전히 끊어낸 상태다.

진짜 아라한은
어떻게 해탈을 얻었는지 표현할 수 있어야 한다.

즉, "모든 생겨난 것에는 원인이 있고,
그 원인에 대한 소멸과
소멸로 이끄는 길이 있고,

그 길을 통해 그의 마음은
감각적 쾌락, 형성, 무지로 인한 목마름으로부터
자유로워진다.

그리하여
물질의 무더기 등 다섯 가지 무더기,
열두 가지 안팎의 감각 영역,
열여덟 가지 요소,
욕계의 존재 등 아홉 가지 존재,
초선 등 네 가지 선정,
사무량심(四無量心),
사무색(四無色)의 증득,
십이연기의 순관(順觀)과 역관(逆觀),
늙음·죽음은 괴로움의 진리이고,
태어남은 원인의 진리,
이 둘이 존재하지 않는 것이 열반의 진리이고,
소멸을 잘 아는 도닦음이 도의 진리이다."

이렇게 **바른 앎에 대해 점검**하신다.

부처님께서는
이와 같이 모든 법을
바르고 원만하게 스스로 깨달으셨다.

그러므로
"바르게 깨달으신 분"이라 하는 것이다.

15

법의 덕을
억념하다

출가자의 삶은
일반인의 삶과는 다르다.

출가자의 독신 생활은
세간 사람들의 삶의 방식을 역행하는 것이고,
감각 기관을 다스리는 것 역시
일반인의 관점에서 보면
삶의 자유를 억누르는 것이다.

이와 같이 일반적인 시선으로는
모든 계율이
인간의 본성과 개성을 억누르는 측면이 있다.

그러나 승려가 승려일 수 있고,
재가자의 존중을 받는 이유는
바로 이 계율을 지키는 데 있다.

따라서
이러한 계율을 만드신 부처님과
인과의 가르침에 대한
특별한 신뢰와 믿음이 없다면

도덕적인 출가자의 삶은
애초부터 난관에 부딪히게 된다.

젊고 건강한 나이에
강력한 유혹을 제어하고,
고행에 가까운 수행을 하는 것은
바로 부처님과 인과에 대한 믿음 때문이다.

이러한 관점에서
부처님의 여섯 가지 특별한 능력과
열 가지 특성, 법, 승가에 대한 이해와 신뢰,
믿음은
아무리 강조해도 지나치지 않다.
그리고 이것이 바탕이 되지 않는 수행은
나중에 커다란 화를 부를 수 있다.

부처님의 가르침에는
다음과 같은 **여섯 가지 특징**이 있다.

① 잘 설해져 있다.
② 지금 이곳에서 스스로 볼 수 있다.

③ 시간을 지체하지 않는다.
④ 와서 보라고 할 수 있다.
⑤ 향상으로 이끌어 준다.
⑥ 현명한 사람에 의해서
직접적으로 체험될 수 있다.

이러한 여섯 가지 특징을 지닌
부처님의 가르침을
'계속해서 억념하며' 닦는 비구는
'이와 같이 해탈로 인도하는 법을 설하고
이러한 공덕을 갖춘 스승을
과거에도 본 적이 없고
현재에도 세존 이외에
그 어떤 분도 본 적이 없다'
라고 생각하면서
법에 대한 존경심과 믿음을 성숙시킨다.

믿음이 깊어지면
기쁨과 희열이 커지고,
두려움과 공포가 극복되고,
금계의 고통을 감내할 수 있게 된다.

법의 공덕을
이처럼 계속해서 생각하는 이의 마음은
위없는 법의 증득을 향해 나아간다.

또한 뛰어난 법의 성품을
계속해서 생각하기 때문에
양심에 어긋나는 행위와
악행에 대한 두려움이 강해져서
계를 범할 상황에 직면하더라도
스스로 계를 수호할 수 있는 힘이 생겨난다.

설령 지혜가 깊어지지 못한다 하더라도
적어도 선처에 태어나게 된다.

이제 부처님 가르침의 특징 여섯 가지를
하나하나씩 자세히 살펴보자.

첫째,
부처님의 가르침은 계로서 처음이 좋고,
사마타 위빠사나의 수행으로 중간이 좋고,
열반으로 끝이 좋다.

또한 부처님이
잘 깨달으셨기 때문에 처음이 좋고,
좋은 법이기 때문에 중간이 좋고,
승가가 잘 실천하기 때문에 끝이 좋다.

그러므로 "잘 설해져 있다"●라고 하는 것이다.

둘째,
**성스러운 부처님의 가르침은
수행에 의해 스스로 보고 경험할 수 있는 것이다.**

탐욕을 예로 들면,
탐욕에 물든 사람은
정신적으로 편안하지 않고
항상 고통과 슬픔으로 괴로워한다.

이들은
스스로와 타인을

●
svakkhato

괴롭히는 일에만 골몰하기 때문이다.

그러나 탐욕을 버리면
자기도 괴롭히지 않고
타인도 괴롭히지 않기 때문에
정신적인 고통과 슬픔에서 자유롭다.

이와 같이
"법은 스스로 직접 보아 경험할 수 있는 것"●
이다.

셋째,
세간법은
결과가 바로 나타나지 않지만,
이 해탈법은
결과가 바로 나타난다.
그래서 "시간을 지체하지 않는다"●●

●
sanditthiko

●●
akaliko

라고 하는 것이다.

넷째,
**이 출세간법은
구름 없는 하늘의 둥근 보름달처럼 청정하다.**
그래서 "와서 보라는 것"● 이다.

다섯째,
**향상으로 인도하기 때문에
열반은 마음의 대상으로 삼을 만한 것이다.**

성스러운 도 역시
성스러운 사람들을 열반으로 이끌기 때문에
"향상으로 인도한다"●●
라고 하는 것이다.

●
ehipassiko

●●
upanāyiko

여섯째,
지혜로운 자만이
"나는 도를 닦았고, 과를 얻었고,
열반을 실현했다"라고
체험할 수 있고, 말할 수 있다.

수저가 국의 맛을 모르는 것처럼
가까운 사람이 도를 얻었다고 해서
어리석은 자의 번뇌들이 사라지는 것은 아니다.
부처님의 가르침은
오직 스스로 경험해야만 알 수 있다.

그래서
"현명한 사람에 의해서
직접적으로 체험될 수 있다"*
라고 하는 것이다.

●

paccattam veditabbo vinnuhi.

이와 같이
법의 덕을 계속해서 생각할 때
그의 마음은
탐욕에 얽매이지 않고,
성냄에 얽매이지 않고,
어리석음에 얽매이지 않는다.

그때 그의 마음은
법을 의지하여 바르게 되고
기쁨과 행복을 경험하게 된다.

16

지혜와 실천을
구족한
성문 승가

**부처님의 가르침을
존속시키는 이들은
성문**(聲聞) **승가**(僧伽)이다.

성문 승가가 없었다면
부처님의 경전과 수행이라는
두 가지 유산은
지금까지
전해 내려오지 못했을 것이다.

적어도 불자들이라면
이러한 성문 승가에 귀의하고
항상 감사하는 마음을 가져야 한다.

성문 승가라고 불리기 위해서는
다음과 같은 조건과 특징을 갖추어야 한다.

첫째,
부처님의 가르침을 직접 듣고 알아야 한다.

성문을 뜻하는 'sāvaka'는

"부처님의 가르침을 친히 들은 분"
이라는 의미이다.

그래서 사리불과 목련존자는
'최고의 성문 제자들'*이라 칭해졌고,
가섭을 비롯한 8대 제자는
'위대한 성문 제자들'**로 불렸다.

이러한 성문들이
네 명 이상 모인 것을
'성문승' 또는 '성문 승가'***라고 한다.

'승가',
즉 'sangha'라는 빠알리어 단어 자체는
단순한 모임, 무리라는 뜻이기 때문에

●
agra-sāvakas

●●
mahā-sāvakas

●●●
sāvaka sangha

이는 재가자의 모임일 수도 있고
다른 종교의 모임일 수도 있다.

따라서
"성문 승가에 귀의한다"라는 것은
"부처님의 가르침을 친히 들은
또는 전승한 제자들의 모임에
귀의한다"라는 의미이다.
불멸 후 500여 년 동안
부처님의 가르침은
제자들의 암송에 의해 전해져 왔으므로,
성문 승가는
자연스레 출가 승가와 동일하게 여겨졌다.

그러나 개개의 출가자는 비구·비구니이고,
이들을 개인적으로 칭할 때는
'대덕(大德)' 또는 '존자(尊者)'라는 뜻의
'bhante'라고 부른다.

둘째,
성문 승가는

부처님께 들은 가르침을 잘 실천하며,[•]
올곧게 수행을 하고,^{••}
여법하게 수행을 하는 이들이다.^{•••}

따라서 성문승은
부처님의 가르침을 직접 듣고 알 뿐만 아니라
바르게 실천하는 이들이다.

구체적으로
수다원향·사다함향·아나함향·아라한향의
네 부류가 해당되며,
과위(果位)를 얻진 못했으나
각각의 과위를 향해 수행하는 이들을 말한다.

•
supatipanno bhagavato sāvaka sangho

••
ujupatipanno bhagavato sāvaka sangho

•••
samicipatipanno bhagavato sāvaka sangho

셋째,
이러한 성문승들은 다음의 **열다섯 가지 실천 법**을
진실하게 행해야 한다.

① 계로써 말과 행위를 절제함
② 감각 기관들의 문을 잘 단속함
③ 적당량의 음식을 취함

④ 항상 깨어 있으려고 힘씀
⑤ 삼보와 인과에 대한 확고한 믿음을 지님
⑥ 계를 어기는 것을 부끄러워함

⑦ 세상 사람들의 비난을 두려워함
⑧ 부처님의 법을 많이 배움
⑨ 노력

⑩ 알아차림
⑪ 지혜
⑫~⑮ 네 가지 색계선

넷째,

이러한 **실천**은 **결과**로 드러나야 하며,
그 결과는 다음 네 가지다.

① 오온이 무아임을 깨달음(수다원과)

② 무아를 깨닫고
욕계의 거친 욕망과 미워함을 다스림(사다함과)

③ 무아를 깨닫고
욕계의 미세한 집착까지 소멸함(아나함과)

④ 색계의 선정과
몸이 없는 정신의 존재(무색계)에 대한
애착마저 모두 소멸함(아라한과)
등이다.

실천의 마지막 결과인 아라한은
스스로의 업으로 인해
세계를 나와 남으로 분별했던 집착 망상이
모두 소멸된 이를 말한다.

아라한의 앎은
삼명(三明)을 필수적인 것으로 보고 있으나
육신통(六神通)에 의성신(意成身)과 위빠사나 지혜,
두 가지를 더해서
여덟 가지로 말하기도 한다.

가장 일반적인 아라한의 정의 중 하나는
**"세 가지 지혜를 나는 얻었고,
불법 안에서 해야 할 일을 모두 이루었다"**이다.

세 가지 지혜[三明]는
**자신의 전생을 앎,
다른 생명의 전생을 앎,
번뇌의 완전한 소멸에 관한 앎인
숙명통**(宿命通), **천안통**(天眼通), **누진통**(漏盡通)이다.

그리고 여기에
천이통(天耳通), 신족통(神足通), 타심통(他心通),
의성신, 위빠사나 지혜를 더해
모두 여덟 가지로 설명하기도 한다.

세존의 성문 승가는
앞서 설명한 성문 승가의 조건과 특징을
모두 갖추고 있다.

따라서
세존의 성문 승가는
마땅히 공양받을 만하며,
마땅히 대접받을 만하며,
마땅히 보시받을 만하며,
합장하고 공경할 만한 분들이며,
위없는 세상의 복밭인 것이다.

17

오근과
팔정도

"마음은 모든 행위에 앞서고,
모든 것이 마음에서 만들어지니,
마음은 가장 소중하다.

만일 나쁜 마음으로 말하거나 행동하면
그로 인해 괴로움이 따르고,
선한 마음으로 말하거나 행동하면
행복이 따른다.

마치 수레바퀴가
말을 따라가는 것처럼."

이 게송은 『법구경』 쌍품의 첫 구절이다.

『화엄경』의 사구게에서도
"일체 현상세계가
모두 마음으로 이루어진 것을 아는 것,
그것이 바로
삼세 모든 부처님이 깨달은 경지이다"
라고 말씀하신다.

두 게송 모두
내가 경험하는 고통과 불행의 원인은
마음이라고 말하고 있다.

마음에는 크게 세 가지 작용이 있다.
지적 작용, 감성적 작용, 의지적 작용이다.

지적 작용은
이롭고 해로움, 옳고 그름의 판단이며,
감성적 작용은
무엇을 좋아하거나 싫어하는 느낌이다.
의지적 작용은
행위를 통해 적극적으로
대상을 취하거나 밀쳐 내는 것이다.

'일체유심조(一切唯心造)'에서의 마음은
수(受)·상(想)·행(行)의 조작 작용 모두를 말하며,
수·상·행에 의해
이 세계가 이루어진다는 뜻이다.

한편 팔정도는

혜(慧)·계(戒)·정(定)으로 이루어져 있는데,
이는 혜를 통해서 지적 상태를,
계를 통해서 의도적 행위를,
선정을 통해서 인간의 잠재적 감성,
즉 마음의 세 가지 측면을 다스리는 것을 말한다.

인간이 어떤 행위를 하는 데 있어서
가장 선행하는 마음은
이해와 시비의 지적 작용이다.

즉, 인간은 자신에게 유익하거나
옳다고 생각하는 것을 위해 움직이고 행한다.

그래서
무엇이 나에게 이익을 주고 옳은 것인지를
판단하게 하는 기준이 무척 중요하고,
이것은 한 인간의 축적된
기억을 바탕으로 형성된 가치관에 의지한다.

이를 견해라고 하는데,
견해에는 정견(正見)과 사견(邪見)이 있다.

사견은
고통의 원인이 되고
정견은 **행복의 원인**이 된다.

정견은 다시
세간적 정견과 출세간적 정견으로 나누어진다.
세간적 정견은
악을 행하면 고통이 오고,
선을 행하면
행복이 온다는 인과에 대한 믿음이다.

이 믿음은
부처님의 가르침을 듣는 문혜(聞慧),
법과 가르침을 이해하고 사유하는 사혜(思慧)
에서 오는 지혜이다.

수행자가 부처님의 가르침을 듣지 않거나,
들어도 믿지 않는다면
정견은 생겨나지 않는다.

출세간적 정견은

232
233

나와 세상을 구성하는
"몸은 부정하고, 느낌은 괴롭고,
마음은 무상하고, 법은 무아다"
라는 사념처(四念處)를 믿고 이해하는 것이다.

인간의 삶에는
삼악도(三惡道), 삼선도(三善道),
색계의 선(禪), 무색계의 정(定),
아라한과 보살의
여섯 가지 길이 있다.
세간 사람들은
삼악도를 버리고 삼선도의 길을 가는 것으로
바른길을 삼을 수 있겠지만,
출가자는 삼악도는 물론 삼선도마저 버리고
출세간의 길을 택해야만 바른길이 된다.
선행을 하면서 과보를 누리지 않는 것이
출세간도이다.

그리고 이 사념처에 대한 사유는
출세간의 길을 가게 하는
근본 원인이다.

이처럼 **정견을 성취한 사람은
항상 욕망을 떠나는 생각,
남을 해치지 않는 생각,
중생을 연민하는 생각을 하게 된다.**

이것이 바로 정사유(正思惟)이다.

정견과 정사유는
깨달은 이들에게만 갖추어져 있다.
때문에 깨달은 이의 가르침과 인격을
믿고 따라야 일반인들에게도
정견과 정사유가 생겨날 수 있다.
깨달은 이와
법에 대한 믿음과 이해가 없고,
오욕락에 빠져 있는 중생에게서는
정견과 정사유가 생겨나기 어렵다.

이처럼 삼보에 대한 믿음에서
바른 견해, 즉 지혜가 생겨나기 때문에
이를 잘 알아차려야 한다.
그리고

이 바른 견해가 있는지 없는지를 관찰하는 것이
바로 오근의 기능 중에
신근(信根)·혜근(慧根)의 역할이다.

이처럼 마음의 지성적인 상태인 정견과 정사유는
우리를 불행의 길에서
행복의 길로 인도하는 안내자,
내비게이션의 역할을 한다.

정견과 정사유를 갖춘 후에는
말과 행위,
생업 속에서 그것을 실천해야 하는데,
이것을 **정어**(正語)·**정업**(正業)·**정명**(正命)
이라고 한다.
이것은
앞서 말한 **마음의 의지적 행위**이다.

왜냐하면 과거의 기억이나
본능과 관련된 자기중심적이고
오욕락을 추구하는 생각을 극복하기 위해서는
정견에 의지하는 삶을 살아야 하기 때문이다.

18

오근과
오력

1. 오근

정견에 의지하여 실천하는 수행자는
'악한 행위는 버리고[斷勤],
감각 기관을 잘 단속함으로써
악이 생겨나지 않게 하고[律儀勤],
선은 칠각지의 수행으로 증장시키고[修勤],
사념처로 일어난 선은 굳건히 지켜낸다[守護勤].'
이것이
오근(五根)**에서의 정진근**(精進根)**이다.**

즉, 정견과 정사유가
바르게 실천되고 있는지를 관찰하고
성장시켜 나가는 것이
바로 **정정진**(正精進)인 것이다.

그러므로
바른 알아차림[念根]을 통해서
믿음[信根]과 지혜의 균형을 관찰하고,

계의 실천과 노력[精進根]을 알아차린 후에
선정(定根)의 실천적인 상태를 얻는 것,
이것이 바로 오근의 역할이다.

바른 정진 중 이미 일어난 선을
지키고 유지하는 것이 **사념처**(四念處)이다.

정념의 대상은
개념이 아닌 실재이고,
실재하는 것은 몸과 마음,
그리고 **몸의 대상인 느낌과 마음의 대상인 법**이다.

이 **네 가지 상태**를 알아차려서
그 네 가지가
무상·고·부정·무아인 것을
깨달아 나가는 과정이 **사념처**(四念處) **수행**이다.

그러므로
신(身)·수(受)·심(心)·법(法)의 사념처는
사띠의 대상이고,
그 사념처를 수행하는 과정이

바로 칠각지(七覺支)이다.

칠각지의 끝에 선정을 얻게 되는데,
그 순서는 다음과 같다.

바른 믿음 위에 노력이 있고,
노력의 결실로 정념이 생겨나고,
그 정념의 끝에 선정이 생겨나고,
선정 중 평정의 상태에서
법의 눈이라는 지혜가 생겨난다.

이와 같이 오근은
팔정도의 수행 과정을 간략하게 정리한 것이고,
이 다섯 가지를 통해
믿음과 지혜, 노력과 선정의 조화와 균형을
알아차리는 것이 바로 사띠(정념)의 작용이다.

2. 오력

오근(五根)을 갖춘 후에
오근과 대치되는 번뇌가 사라질 때까지
열심히 수행하면
마침내 오력(五力)을 얻게 된다.

신심으로
회의적인 의심을 다스리고,
노력으로 게으름을 다스리고,
정념으로 부주의를 다스리고,
삼매로 들뜸을 다스리고,
지혜로 무명을 꿰뚫어 버리는
힘을 갖추게 되는 것을 오력이라고 한다.

이와 같이 오력의 힘을 갖추게 되면
팔정도의 결과인 바른 지혜,
즉 정지(正智)를 경험할 수 있다.

오근으로
팔정도의 전체적인 조화와 균형을 맞추고,
오력으로 그 수행의 결과를 얻게 되는 것이다.

이처럼 오근과 오력으로
팔정도를 닦아 나가면
삼십칠조도품(三十七助道品)이 완성된다.

오근·오력과 팔정도를 통한
삼십칠조도품의 수행 결과는
자신의 내면, 즉 오온(五蘊)과
바깥에 있는 대상, 다시 말해 여섯 가지 경계에
대한 집착이 사라지는 것으로 나타난다.

3. 마장을 뛰어넘는 법

수행자가 선정의 상태에 들어가려면 반드시
삼선도(三善道)에 대한 애착을 뛰어넘어야 한다.
만일 십선(十善)의 과보에 대한 집착
또는 십악(十惡)에 대한
참회가 이루어지지 않은 상태에서
선정을 닦게 되면
악연으로 얽혀진
사바세계의 수많은 존재에게 장애를 받는다.

이것을 **마장**(魔障)이라고 한다.

따라서 선정을 닦기 전에
계율, 특히 오계를 지키는 것은 절대적이다.

살생을 범하면
선정 중에 죽은 생명들이
자꾸 나타나

수행에 장애를 일으킬 것이고,

도둑질을 하면
선정의 에너지가 흩어지게 되고,

음계를 범하면
선정의 씨앗이 생겨나지 않고,

깨달음에 대해 거짓말을 하게 되면
수행 중에 거짓 환상이 일어나서
깨닫지 못한 것을
깨달았다고 착각하게 하는
과보가 생겨난다.

이와 같이
살생·투도·사음·망어를 하게 되면
선정을 닦는 데 장애가 생겨나기 때문에
네 가지 근본 계[四波羅夷]를
지키고 범하지 않는 것은
선정에 들어가는 데 있어서 필수적이다.

만일 계를 범한 수행자가 있다면
선정을 닦기 전에
정성을 다해 참회를 하거나,
남을 도와주는 보살행을 해서
악업을 먼저 소멸시켜야만 한다.

구사와 유식의 오위(五位) 수행에서
자량위(資糧位)와 가행위(加行位)를
견도(見道) 이전에
필수적으로 강조하는 것은
이런 이치 때문이다.

티베트 불교에서도 전통적으로
본 수행에 들어가기 전에
참회와 자량의 복덕을 먼저 쌓게 한다.

이러한 이유는
문명의 이기가 발달할수록
인간의 소유욕과 편리함을 추구하는
욕구도 커져서,

수행자가 계를 지키기가
점점 더 어려워지기 때문이다.

명상의 지혜로
밝히는
초기불교의
깨달음

붓
다
의
언
어

ⓒ 등현, 2023

2023년 5월 16일 초판 1쇄 발행
2024년 5월 22일 초판 3쇄 발행

지은이 등현
발행인 박상근(至弘) • 편집인 류지호 • 편집이사 양동민
책임편집 하다해 • 편집 김재호, 양민호, 김소영, 최호승, 정유리 • 디자인 쿠담디자인
제작 김명환 • 마케팅 김대현, 김선주, 이선호 • 관리 윤정안
콘텐츠국 유권준, 정승채, 김희준
펴낸 곳 불광출판사 (03169) 서울시 종로구 사직로10길 17 인왕빌딩 301호
　　　　대표전화 02) 420-3200 편집부 02) 420-3300 팩시밀리 02) 420-3400
　　　　출판등록 제300-2009-130호(1979. 10. 10.)

ISBN 979-11-92997-22-3 (03220)

값 17,000원